अनुभूतियाँ

रमेश अरोड़ा

डायमंड बुक्स
www.diamondbook.in

प्रकाशक : डायमंड पॉकेट बुक्स (प्रा.) लि.
X-30 ओखला इंडस्ट्रियल एरिया, फेज-II
नई दिल्ली - 110 020
फोन : 011- 40712200
ई-मेल : sales@dpb.in
वेबसाइट : www.diamondbook.in

Anubhutiyan
by : *Ramesh Arora*

समर्पण

समाज एवं राष्ट्र को

"अनुभूतियाँ"

श्री निर्मला माता के

आशीर्वाद से

साध्य अरोड़ा को श्रद्धांजलि

श्रद्धांजलि

साध्य अरोड़ा (10.5.88–23.10.2016)

अपनों की यादें

अपनों की यादें ज़िंदगी में
बहुत दूर तक पीछा करती है!
कभी आंसू बन कभी आसमान से
बादलों की शक्ल में बरसती है!

कभी तो तेरे होने का एहसास
दिल को कई बार रुलाता है!
दिख नहीं पाता तू हक़ीक़त में
मगर यादों में बहुत आता है!

तेरी छोटी सी एक पल की मुस्कुराहट भी
दर्द का दरिया बहा कर जाती है!
कभी तेरे चलने की आहट
हरा ज़ख़्मों को किए जाती है!

तेरे न होने का दोष भी
अपने पर लगा लेता हूं मैं!
आसमां के मालिक को भी
अक्सर कोसा करता हूं!

कहां से शुरू करूं हिसाब उसका
देना पड़ेगा मुझे जवाब इसका!
क्यों हाथों से फिसल कर मेरे
इतनी दूर चली जाती है!

कभी–कभी तेरा तुतलाना याद आता है
याद आने पर बहुत रुलाता है!
काश मैं तुम्हें आवाज़ दे रोक लेता
तेरी हर बात बहुत याद आती है!

काश मैं तेरे सफ़र पर चला जाता
इतने दर्द का एहसास न पाता!
जब अनजानों के बीच ख़ुद को पाता हूं
तेरी याद भी मुझे छोड़ कर चली जाती है !

आज तुझे मिलने को मन करता है
पर अपने से ही मन डरता है!
कौन तेरे एहसास देख समझता होगा
यह भी मुझे पीड़ा दे जाती है!

गिला फिर से क्या करूं सब पता है
आज भी याद है मुझे
तू तो रुकना चाहता था
मगर साथ वो ले जाती है!

लेखक की नज़र से

रूह की गहराई से मैंने तराशे थे पत्थर,
सुना है मंदिर में तुने उसे भगवान बना दिया।
गली कुचे में ढूंढ़ते हैं आज खुदा को,
मेरे तराशे पत्थर खुदा बन बैठे
और अपने ही खुदा को भुला दिया।

अनुभव के आधार पर आत्मा की आवाज़ को लिखना ही अनुभूति है, इस कारण इस पुस्तक का नाम "**अनुभूतियाँ**" ही उचित नाम है, इसको कोई और नाम नहीं दे सकते।

मेरी पहली किताब '**गूंज**' को श्री एन. एन. वोहरा राज्यपाल जम्मू कश्मीर ने राजभवन में लोकार्पण किया था। मैं उनका आभार प्रकट करता हूँ।

वर्तमान पुस्तक तीन वर्षो का लिखित कविताओं का संग्रह है इसमें अध्यात्म पर – सामाजिक पहलुओं पर व कहीं–कहीं वर्तमान स्थिति पर मेरी अंतर आत्मा की आवाज़ आप अनुभव कर पाएंगे और मेरा विश्वास है आपको अपने जीवन की अनुभूतियां इसमें नज़र आएंगी।

मेरे लेखन में राष्ट्रीय स्वयसेवक संघ का प्रभाव भी दिखाई देगा, क्योंकि जीवन के अंतिम सांस तक काम करने का निश्चय जो किया

है। वास्तव में आत्मा की अनुभूति लिख पाना आसान नहीं था। शायद भगवान ही मेरे से कुछ करवाना चाहता है, इस कारण कुछ सालों में इतना लिख पाया हूं कि अनेक किताबें छप सकती हैं। आप सबका स्नेह मुझे प्राप्त हुआ है, और जो भी इसे पढ़ रहे हैं उनका आत्मा की गहराइ से आभार प्रकट करता हूँ।

साध्य अरोड़ा सुपुत्र ने जो आघात दुनिया से जाते हुए मुझे जीवन में दिया है। भगवान की इच्छा के आगे व्यक्ति को झुकना पड़ता है। इस अभाव का प्रकटीकरण भी शायद कुछ कविताओं में मिलना स्वाभाविक है

अध्यात्म पर श्री निर्मल माता जी व सहज परिवार का कुछ असर भी आपको दिख सकता है। जिनके कारण मैं अपने अंदर के विश्वास को मज़बूत कर सका हूँ।

आसमा ने बरस कर हमें डुबोना चाहा था, मगर
हश्र क्या हुआ होगा उंगली पर हमने पर्वत उठा लिया।

यह वाक्य भी श्री कृष्ण जी से प्ररेणा लेकर लिखा गया है। ऐसे अनेक शब्द व पंक्तियां आपको अपने जीवन का दर्शन करवा देंगी।

इस किताब को वर्तमान स्वरूप में लाने के लिए मैं श्री बृज मोहन जी जो स्वयं लेखक हैं, उनके साथ बहन सरिता शर्मा रीन, प्रतिभा महाजन रविंद्र कुमार दिल्ली से एक मित्र व चानन सिंह, रोहन जी का सहयोग प्राप्त हुआ, उन सबका आभार प्रकट करता हूं, प्रतिभा जी (धर्म पत्नी) ने वर्तमान पुस्तक का नाम '**अनुभूतियाँ**' सुझाया। इस कारण उनके सहयोग के लिए धन्यवाद। जिन महान विभूतियों ने अपने संदेश देकर इस पुस्तक की शोभा बढ़ाई उनका भी आभार प्रकट करता हूँ।

चलो कहीं दूर चलें, आसमां में तारों को छू लें
न कुछ खोने को रहे, न कुछ पाने की आस
चलो कहीं दूर चलें,

आइये जीवन के अलग–अलग पहलुओं पर लिखी गई रचनाओं का आंनद लेते हैं।

–रमेश अरोड़ा
लेखक

प्रस्तावना

वरिष्ठ अधिवक्ता श्री रमेश अरोड़ा मेरी बाल्यावस्था के मित्र हैं। होश संभालते ही, वे पहले समाज–सेवा से और फिर, आगे चल कर राजनीति के क्षेत्र से भी जुड़े और अपनी यथेष्ट पहचान बनाने में सफल रहे।

अपनी–अपनी व्यस्तताओं और अलग–अलग कार्य–क्षेत्र होने के कारण, पहले जैसा, हमारा मिलना–जुलना भले ही संभव नहीं रहा परन्तु पारस्परिक मैत्रीय–भाव की स्निग्धता यथावत रही।

अनेक वर्षों के पश्चात, जब उनके प्रथम कविता–संग्रह **गूंज** के प्रकाशन का समाचार प्राप्त हुआ और पुस्तक के लोकार्पण–समारोह में सहभागिता के लिए मुझे विशेष रूप से याद किया गया तो मेरे आश्चर्य का ठिकाना नहीं रहा। आश्चर्य इसलिए कि हमारे मित्र को अपनी अतिरिक्त व्यस्तताओं के चलते, कविताएँ बुनने के लिए अवकाश क्योंकर मिलता रहा है? अस्तु!

विमोचन–समारोह बहुत धूमधाम से सम्पन्न हुआ, जो राजनीति के क्षेत्र में उनकी पैठ के ऐन अनुरूप था। अब उनका एक और कविता–संग्रह **अनुभूतियाँ** प्रेस में जा रहा है। इस अवसर पर उन्हें बधाई देना तो बनता ही है।

मैं उनके इस काव्य–संग्रह की अनेक रचनाओं के बीचों–बीच

से गुज़रा हूँ। वे उम्र के लिहाज़ से प्रौढ़ हैं, तो संस्कारवान और अनुभव–समृद्ध भी हैं। प्रौढ़ावस्था के चलते, चिन्तन में दार्शनिकता का संस्पर्श स्वाभाविक ही है–

"क्यों इतना तेज़ मन दौड़े है/अपनों को भी पीछे छोड़े है/यही मायाजाल कहलाता है/जीवन पीछे छूटा जाता है–ब्रह्मांड मेरी ही काया है/कहाँ आदमी समझ पाया है?"

श्री रमेश अरोड़ा समाज में, प्रेम, सहिष्णुता और समरसता आदि जैसे जीवन–मूल्यों को मानवता के अस्तित्व के लिए महत्त्वपूर्ण मानते हैं–

"किसी मज़हब की न तू बात कर/इंसान में इंसानियत को ही दिखा/नफरत तेरे घर के चराग बुझा देगी/प्यार कर ले, दोनों जहाँ सँवर जाएँगे/कितना लहू अब और बहाओगे!"

उनकी नज़र में शायर कौन है, देखिए–

"इन्सानों का दर्द देख पाता है/जज़्बात को समझ जाता है/किसी की खुशी बाँट लेता है/जो दर्द को दिल से सहलाता है/वो शायर कहलाता है।"

संग्रह की अनेक कविताओं में समाज के साथ उनके गहरे आंतरिक जुड़ाव और वर्तमान परिस्थितियों का प्रभाव मुखर है। काव्य–संग्रह में विभिन्न भावों को अभिव्यक्ति मिली है।

श्री रमेश अरोड़ा को पुनः हार्दिक बधाई। आशा है कि वे अपनी रचनाशीलता निरन्तर बनाए रखेंगे।

–डॉ॰ निर्मल विनोद
1/सी, सुशील–निवास,
हरि सिंह नगर, रिहाड़ी कॉलोनी
जम्मू–180005

LIEUTENANT GOVERNOR
JAMMU & KASHMIR

RAJ BHAVAN
JAMMU-180001

कविता/शायरी लिखना समाज में काफी समय से चलता आ रहा है। रमेश अरोड़ा द्वारा उनकी नई किताब **"अनुभूतियां"** प्रकाशित होने जा रही है। राजनितिक जीवन व सामाजिक जीवन में काम करते हुए अपने अन्दर के कवि हृदय को जीवित रखना और कविता की रचना करना कठिन काम रहता है। जीवन के अनुभवों के आधार पर उनकी रचनाएँ समाज जीवन में काफी समय तक अपना प्रभाव छोड़ने में सक्षम होंगी । मैं उनको इस संग्रह पर हार्दिक शुभकामनाएँ देता हूँ।

(**मनोज सिन्हा**)

04 मार्च, 2021
जम्मू

डॉ० जितेन्द्र सिंह
राज्य मंत्री (स्वतंत्र प्रभार),
उत्तर पूर्वी क्षेत्र विकास मंत्रालय ;
राज्य मंत्री, प्रधान मंत्री कार्यालय,
कार्मिक, लोक शिकायत एवं पेंशन मंत्रालय,
परमाणु ऊर्जा विभाग तथा अंतरिक्ष विभाग,
भारत सरकार

सत्यमेव जयते

Dr. JITENDRA SINGH
Minister of State (Independent Charge),
Ministry of Development of North Eastern Region;
Minister of State, Prime Minister's Office,
Ministry of Personnel, Public Grievances and Pensions,
Department of Atomic Energy and Department of Space,
Government of India

संदेश

सार्वजनिक जीवन में सक्रिय किसी भी राजनीतिक कार्यकर्ता के लिए अपने अंदर के कवि-हृदय को जीवित रखना अक्सर कठिन रहता है |

रमेश अरोड़ा जी बधाई के पात्र हैं कि उन्होंने जीवन के संघर्ष के साथ साथ इस कला को अपने अंदर जीवित रखा है | उनका कहना है कि उन्होंने अपनी इस पुस्तक के माध्यम से, अनेकों सामाजिक एवं आध्यात्मिक पहलुओं को उजागर करने का प्रयास किया है | आशा है उनका यह प्रयास जन मानस को भी प्रभावित करेगा |

मैं हृदय की गहराईयों से उन्हें इस पुस्तक के लिए शुभकामनाएं देता हूँ |

(डॉ. जितेन्द्र सिंह)
MBBS (Stanley, Chennai)
MD Medicine, Fellowship (AIIMS, NDL)
MNAMS Diabetes & Endocrinology

Vigyan Bhavan Annexe,
Maulana Azad Road, New Delhi-110011
Tel. : 011-23022400, 23022401,
Fax. : 011-23062754

South Block, New Delhi-110011
Tel. : 011-23010191 Fax : 011-2307931
North Block, New Delhi-110001
Tel. : 011-23092475 Fax : 011-23092716

संदेश

रमेश अरोड़ा की पुस्तक "**अनुभूतियाँ**" उनकी पहली पुस्तक "**गूँज**" की तरह लोगों को अच्छी लगेगी यह मेरा विश्वास है, क्योंकि कविता लेखने में सोच के साथ–साथ अनुभव आधार बनता है तो काव्य की रचना होती है। वास्तव में आत्मा के स्वर निखर कर सामने आते हैं।

किसी पतंगे से जो जलता है–उसकी जलन भी समझता है–अंधेरे में जुगुनू सा चमकता है–जो सूरज से मिलकर आता है– वह शायर कहलाता है। यह उनके शब्द, उनकी सोच की सुन्दरता का प्रकटीरण हैं।

किताब में उनके शब्द "**आसमा से ऊंची मुकद्दस परवाज़ है मेरी, जो ज़मी पर गिर कर बिखर गया वो मैं नहीं हो सकता।**"

आत्मविश्वास और आत्मभाव को दर्शाता है। कोम की ज़िन्दगी एटम या तीरो–तलवार नहीं लिखते, बुलन्द हौसले ही उसकी उम्र का पता देते हैं। इस प्रकार देश भक्ति का प्रभाव कई कविताओं में भी देखने को मिलेगा। आध्यात्म के साथ–साथ सामाजिक पहलुओं पर रचनाएं, अनुभूतियाँ आपको अच्छी लगेंगी। राजनीतिक व सामाजिक जीवन में अनेक ज़िम्मेदारियों पर रहे सक्रिय कार्यकर्ता ने अपने अंदर के कवि को जीवित रखा। मैं इसके लिए उनको शुभकामनाएँ देता हूँ। जय श्री माता जी।

–दिनेश राय
वाईस चेयरमैन
एच.एच. श्रीमाता जी निर्मला देवी सहजयोगा ट्रस्ट
दिनांक : 14.03.2021

मनोहर लाल
MANOHAR LAL

मुख्य मन्त्री, हरियाणा,
चण्डीगढ़।
CHIEF MINISTER, HARYANA,
CHANDIGARH.

Dated 01.03.2021

संदेश

संसार में जब भी व्यक्ति अपनी बात दूसरों को बताना चाहता है, उसमें तर्क के साथ–साथ हृदय की भावनाएं भी शामिल रहती हैं, विशेष तौर पर जब कोई कवि अपनी रचना लिखता है उसमें शब्दों का चयन और भी महत्वपूर्ण हो जाता है। वो कुछ ऐसे शब्दों को पंक्तिबद्ध करने का प्रयास करता है, जिसमें उसकी आत्मा की आवाज की झलक मिलती है। इसलिए सुनने वाले के मन पर बहुत गहराई तक असर छोड़ने में वह सक्षम होता है।

राजनीतिक कार्यकर्ता होते हुए अपने अंदर के कवि हृदय को जीवित रखना काफी मुश्किल काम होता है। मैं इसके लिए श्री रमेश अरोड़ा जी को बधाई देता हूँ कि जीवन के संघर्ष के साथ उन्होंने इस कला को भी अपने अंदर जीवित रखा। मुझे खुशी है कि 'अनुभूतियाँ' नामक उनकी एक और पुस्तक प्रकाशित होने जा रही है और इसमें उन्होंने सामाजिक, आध्यात्मिक जैसे अनेक पहलुओं पर प्रकाश डालने का प्रयास किया है। आशा है यह प्रयास जन मानस को भी आंदोलित करेगा।

मैं हृदय की गहराइयों से उन्हें इस पुस्तक के सफल प्रकाशन के लिए अपनी शुभकामनाएँ देता हूँ। उन द्वारा अपनी रचना में शामिल किए गए ''मुश्किल हो चला था, मंजिल खो चला था, सरल कर लिया हमने जीने का अंदाज अपना'' जैसे शब्द पाठकों को अच्छे लगेंगे यह मेरा विश्वास है।

शुभेच्छा सहित।

(मनोहर लाल)

Office : 4th Floor, Haryana Civil Secretariat, Chandigarh - 160001, Ph. 0172-2749396, 0172-2740995 (Fax)
Resi. : H.No. 1, Sector-3, Chandigarh - 160001, Ph. 0172-2749394, 0172-2740596 (Fax)
email : cmharyana@nic.in

संदेश

श्री रमेश अरोड़ा एक सुंदर, सुशील व्यक्तिव के मालिक हैं। आप एक सामाजिक कार्यकर्ता ही नहीं बल्कि एक सामाजिक चितंक भी हैं। सफल राजनैतिक कार्यकर्ता होते हुए भी आप के अंदर एक संवेदनशील कवि का दिल मौजूद है। आप बहुत ही सुंदर भाषा का प्रयोग अपनी कविताओं में करते हैं। आपकी कविताओं में सामाजिक, राष्ट्रीय और निराले राजनैतिक सरोकार यहाँ वहाँ मिल जाते हैं।

आपका पहला काव्य संग्रह **"गूँज"** साहित्य प्रेमियों में अथाह मकबूलियत हासिल कर चुका है। अब अरोड़ा साहिब का दूसरा संग्रह **"अनुभूतियाँ"** छप कर पाठकों के सामने आ रहा है। **"अनुभूतियाँ"** में शामिल कविताएँ दरअसल अरोड़ा साहिब की जीवन से संबंधित साहित्यिक, सामाजिक, राजनैतिक और धार्मिक अनुभूतियाँ हैं। जिन को अरोड़ा साहिब ने बड़ी खुबसूरती के साथ कविता के सांचे में ढाला है। मुझे पूरी उम्मीद, बल्कि यकीन है कि यह संग्रह पूरे साहित्य जगत में भरपूर मकबूलियत प्राप्त करेगा।

–पृतपाल सिंह बेताब

आई.ए.एस.

(अवकाश प्राप्त)

संदेश

मैं रमेश अरोड़ा जी को उनके नये काव्य–संग्रह '**अनुभूतियाँ**' के प्रकाशन के अवसर पर हार्दिक बधाई और शुभकामनाएं देता हूँ। देशभक्ति और अध्यात्म की भावभूमि पर आधारित उनके इस काव्य–संग्रह से सहृदय समाज को प्रेरणा, ऊर्जा और आनंद की प्राप्ति होगी।

यह संग्रह उनके अनुभव, संघर्ष और संकल्प की रचनात्मक उपलब्धि है। उन्होंने अथाह जीवन–समुद्र से चुनकर और तराशकर कुछ अनमोल मोती समाज को दिए हैं।

रमेश जी का बाल्यकाल से ही राष्ट्रीय स्वयंसेवक संघ से सक्रिय संपर्क और जुड़ाव रहा है। इसलिए उनकी रचनाओं में संघ के संस्कारों और विचारों की स्वतःस्फूर्त झलक दिखायी पड़ती है।

संघ व्यक्ति–निर्माण, सामाजिक एकीकरण और राष्ट्रीय उत्थान को समर्पित सामाजिक संगठन है। रमेश जी के काव्य–संग्रह की केंद्रीय चिंता भी यही है। 'तन समर्पित, मन समर्पित और यह जीवन समर्पित....!' रमेश जी की स्वाभाविक काव्य–प्रेरणा है।

निश्चय ही, उनकी रचनाएं हृदयस्पर्शी हैं। उनमें से एक रचना विशेष रूप से उल्लेखनीय है– '**आज नभ–मंडल गूंजे, आजादी के नारों से! आजादी की कीमत समझो, शहीदों के परिवारों से**!!'

राष्ट्र–निर्माण के लिए सर्वस्व समर्पण की भावना से ओतप्रोत उनकी यह रचना भारतमाता के बलिदानी वीरों का स्मरण और वंदन–अभिनंदन करती है।

अंधेरे के विरुद्ध संघर्ष के लिए कृत–संकल्प करने वाली उनकी एक और रचना ध्यान आकृष्ट करती है–

'**प्यार–सुकून–रोशनी फुरसत से बाँटी है हमने, जिसको अंधेरा निगल गया वह मैं नहीं हो सकता**!'

यह रचना और एक विशेष अर्थ में यह काव्य–कृति 'असतो मा सद्गमय! तमसो मा ज्योतिर्गमय! मृत्योर्मामृतंगमय!!' की यात्रा को संभव करती है।

साहित्य न सिर्फ समाज का स्वस्थ मनोरंजन करता है, बल्कि उसके संस्कारों का भी परिष्कार करता है। रमेश जी का यह संग्रह साहित्य की इसी उपादेयता को प्रतिष्ठित करने वाला है। यह संग्रह सामाजिक जीवन में साहित्य की सकारात्मक भूमिका को भी रेखांकित करता है। अपने समय और समाज की धड़कनों को अभिव्यक्त करने वाला साहित्य–लेखन अभिनंदनीय कार्य है।

मैं इस काव्य–संग्रह में अंतर्निहित रचनात्मक संभावनाओं का आकलन करते हुए आशा व्यक्त करता हूँ कि रमेश जी अपनी व्यस्त जीवन–चर्या के बीच समय निकालकर आगे भी प्रेरक और रोचक साहित्य लेखन करते रहेंगे।

मेरा विश्वास है कि उनकी पुस्तक '**अनुभूतियाँ**' पाठकों के बीच लोकप्रिय होगी और उनके जीवन और चिंतन को समृद्ध करेगी।

शुभकामनाओं सहित,

–रूपेश कुमार

(प्रांत प्रचारक, राष्ट्रीय स्वयंसेवक संघ

जम्मू–कश्मीर प्रान्त)

अभिमत

श्री रमेश अरोड़ा जी का नवीन काव्य संग्रह अनुभूतियाँ जम्मू कश्मीर के साहित्य में एक सकारात्मक हस्तक्षेप है। अरोड़ा जी का यह दूसरा काव्य संग्रह है। आन्तरिक अनुभूति को अभिव्यक्त करने की कामना हर व्यक्ति में होती है। इससे शायद कोई अछूता नहीं है। अलबत्ता व्यक्त करने का तरीका अलग–अलग हो सकता है। साहित्य, संगीत या कला कोई भी माध्यम अनुकूल हो सकता है। लेकिन इस प्रकार के रूढ़ हो चुके माध्यमों में स्वयं को अभिव्यक्त करने की क्षमता जिस व्यक्ति में नहीं होती, वह भी किसी न किसी प्रकार से अनुभूतियों और संवेदनाओं को प्रकट करता ही है। हर किसी की इच्छा रहती है कि उसकी अनुभूतियों या वेदना को कोई सुने। भीतर का दर्द किसी अन्य से साँझा करने से उसका साधारणीकरण हो जाता है। रूसी कहानी का नायक अपनी वेदना अभिव्यक्त करने के लिए सारा दिन किसी की तलाश करता रहा था, जब सफल नहीं हुआ तो अन्ततरू अपने घोड़े के गले लग कर उससे घंटों बात करता रहता है और भीतर से हल्का हो जाता है।

रमेश अरोड़ा ने अपने भीतर को उँड़ेलने के लिए काव्य का सहारा लिया है। लेकिन इस माध्यम में एक कठिनाई भी है। अभिव्यक्ति को सँवारना सजाना पड़ता है। काव्य शास्त्र के आचार्य इस सजाने सँवारने

र बहुत ज्यादा जोर देते हैं। उनकी दृष्टि में छन्द और अलंकार तो काव्य का आभूषण है। यह भी एक संयोग ही कहा जाएगा कि भारतीय काव्य शास्त्र के ज्यादा आचार्य उसी जम्मू कश्मीर से ताल्लुक रखते हैं, जहाँ रमेश अरोड़ा रहते हैं। साहित्य में ऐसा समूह भी है जो अभिव्यक्ति को ज्यादा सजाने सँवारने की पक्ष में नहीं है। उनका मानना है कि ज्यादा साज श्रृंगार से अनुभूतियाँ दब जाती हैं और कृत्रिम श्रृंगार भारी होने लगता है। रमेश अरोड़ा के इस काव्य संकलन की यही खूबी है कि इसमें अनुभूति दबी नहीं है। वह अपने मूल स्वरूप में सर्वत्र अनुभव की जा सकती है। उनके भीतर की आहटें सर्वत्र अनुभव की जा सकती हैं।

रमेश अरोड़ा मेरे पुराने मित्र हैं। यह पिछली शती के आठवें दशक की कथा है। वे उन दिनों पंजाब में अखिल भारतीय विद्यार्थी परिषद के प्रदेश संगठन मंत्री थे। मैं उन दिनों नया मंगल के शिवालिक कॉलेज में हिन्दी पढ़ाता था। तब उनसे जो संवाद रचना हुई वह आज तक अपनी निरन्तरता में बनी हुई है। उन्होंने जीवन में अनेक उतार–चढ़ाव देखे हैं। उनकी यह अनुभूतियाँ कहीं न कहीं उसी की अभिव्यक्ति है।

–डॉ. कुलदीप चन्द अग्निहोत्री

कुलपति, हिमाचल प्रदेश केन्द्रीय विश्वविद्यालय

धर्मशाला (काँगड़ा)

13.3.2021

संदेश

रमेश अरोड़ा जी मेरे छोटे भाई को उनकी नई किताब पर बहुत–बहुत बधाई। वो कार्यकर्त्ता के साथ एक अच्छे लेखक भी हैं और जीवन में अपनी ठीक सोच का अनुसरण भी करते है। कविता संग्रह "**अनुभूतियाँ**" छपने पर उनको एक बहन की ओर से शुभकामनाएं।

राजनीतिक जीवन में आने से पहले लंबे संघर्ष में गुजरते हुए, उन्होंने विद्यार्थी परिषद के नाते पंजाब में कुछ वर्ष संगठन मंत्री के नाते काम किया। मुझे भी उनके साथ काम करने का अवसर मिला। निरंतर संगठन के साथ जुड़े रहते हुए उन्होंने राष्ट्र हित में कार्य किया है।

विद्यार्थी जीवन में आपातकाल में उन्होंने जेल यात्रा की। आपातकाल में श्रीमती इंदिरा गांधी जी के कार्यकाल में मीसा के अंदर गिरफ्तार हुए शेख मोहम्मद अब्दुल्ला के समय उनको एक आंदोलन के अंदर 1979 में पब्लिक सेफ्टी एक्ट में गिरफ्तार कर कश्मीर ले जाया गया। लगातार संघर्ष करने की सोच और अपनी बात को दृढ़ निश्चय के साथ रखने का संकल्प जीवन में लेकर चलते रहे।

मुझे आशा है उनके काव्य संग्रह के भाव व अनुभव पाठकों के हृदय को आंदोलित करते रहेंगे। और लोग अपनी व्यक्तिगत अनुभूति की तरह समझेंगे और लंबे समय तक समाज के अंदर उनकी ये आत्मा की गहराइ

से लिखी रचनाएं प्रेरित करती रहेंगी। उनकी रचना के शब्द...

मुश्किल हो चला था... मंजिल खो चला था... सरल कर लिया हमने जीने का अंदाज अपना

दुनिया की नजरों में हम बड़ा नहीं होना चाहते... बड़े हुए हैं अपनी नजरों में उसे नहीं खोना चाहते!

अनेक प्रकार के मन को छू लेने वाले शब्द आपको उनकी रचनाओं में मिलेंगे मैं उनको नए काव्य संग्रह के प्रकाशन पर हृदय से आशीर्वाद देती हूं और मेरा यह विश्वास है कि यह पुस्तक जनमानस पर गहरा प्रभाव छोड़ेगी।

—लक्ष्मीकांता चावला
पूर्व मंत्री, पंजाब सरकार

संदेश

मैं, श्री रमेश अरोड़ा पूर्व एम. एल. सी विधान परिषद जम्मू कश्मीर व पूर्व संगठन मंत्री अखिल भारतीय विद्यार्थी परिषद पंजाब के साथ मुझे विद्यार्थी जीवन से काम करने का मौका मिला। मुझे इस बात की खुशी है कि उन्होंने अपनी कविताओं की रचनाओं को समाज को समर्पित किया है। उन्होंने विभिन्न पहलुओं को अपनी कविताओं में सुंदर शब्दों में संजोकर अपने मन के भावों को लोगों के समक्ष रखा है।

मुझे पूरी आशा है कि श्री रमेश अरोड़ा जी की किताब को लोग पढ़कर परम आनंद का अनुभव करेंगे।

मेरी शुभकामनाएं श्री रमेश अरोड़ा जी के साथ हैं।

अविनाश राय खन्ना
पूर्व सांसद सदस्य (राज्य सभा)

संदेश

राष्ट्रीय स्वयंसेवक संघ में काम करते हुए अलग–अलग जिम्मेदारी निभाते हुए, बाद में मैंने प्रचारक के नाते रमेश अरोड़ा जी को काम करते हुए देखा है। जिस समय पंजाब में आंतकवाद अपनी चरमसीमा पर था, उस काल में भी पूरे पंजाब में घूम–घूम कर आंतकवाद के खिलाफ लोगों में जागृति लाने का प्रयास करते रहे। आपातकाल में मीसा में गिरफ्तार रहे, 1979 में पी. एस. ऐ. में गिरफ्तार करके उन्हें कश्मीर की रैनावारी जेल में रखा गया, क्योंकि वह विद्यार्थी परिषद के अध्यक्ष के नाते आंदोलन का प्रमुख रूप से नेतृत्व कर रहे थे। बाद में कश्मीर के प्रभारी बनकर राजनीतिक जीवन में सराहनीय कार्य किया और दो बार प्रवक्ता व भारतीय जनता पार्टी के उपाध्यक्ष बने, बार एसोसिऐशन के उपाध्यक्ष, अरोड़ा बिरादरी उत्तर क्षेत्र के उप प्रधान, हिंदू रक्षा समिति के प्रधान व बाद में विधान परिषद के सदस्य के नाते उन्होंने अपनी प्रतिभा दिखाई।

जीवन में उनके सपुत्र साध्य अरोड़ा का 28 वर्ष की आयु में देहान्त होना एक बहुत बड़ा आघात देने वाली घटना थी, उसके कारण जीवन में टूटन होना स्वाभाविक था, लेकिन जीवन में राष्ट्रीय स्वयंसेवक संघ से मिले संस्कारों और प्रेरणा के कारण उन्होंने इन विकट परिस्थितियों में भी समाज का काम जारी रखा, जो एक आसान काम नहीं था और

इतना ही नहीं उन्होंने निश्चित किया जिस मेडिकल व्यवस्था के कारण उनके बेटे का देहान्त हुआ है उस सारी व्यवस्था को ठीक करने के लिए जीवन में काम किया जाए, ताकि कुछ और लोगों के साथ इस तरह की कोई घटना न घटे और किसी को इस प्रकार का अज्ञात न सहना पड़े। इसी को उन्होंने अपने बेटे को श्रद्धांजलि के रूप में अपने जीवन का लक्ष्य बना लिया।

उनकी एक रचना के शब्द, उनकी सोच पर पूरा उतरते हैं, **जो हंसते–हंसते फांसी पर झूले हैं– वो कब भारत मां को भूले हैं, जब तूफान गहराया था– लहू से दीप जलाया था।**

"**अनुभूतियाँ**" पुस्तक उनके मन के विचारों को कविता के रूप में प्रकट करेगी और लम्बे समय तक समाज उसका आनन्द उठाता हुआ प्ररेणा ले सकेगा। मेरा पूरा विश्वास है कि वर्तमान पुस्तक उनके जीवन के अनुभवों का प्रतिकरण है और उसका नाम भी उपयुक्त चुना गया है, इसलिए मैं इस काव्यसंग्रह पुस्तक की सफलता पर उनको शुभकामनाएं देता हूँ।

–अशोक प्रभाकर
राष्ट्रीय संजोयक
हिंदू जागरण मंच

संदेश

शायरी करना या काव्य लिखना भी रोचक कला है। रमेश अरोड़ा जी की पुस्तक "**अनुभूतियाँ**" रोचक शायरी/कविता की किताब आम आदमी के दिल को सकून देगी क्योंकि उनके अलफ़ाज़ जैसे...

किसी पतंगे से जो जलता है– उसकी जलन भी समझता है– अंधेरे में जुगुनू सा चमकता है– जो सूरज से मिलकर आता है– वह शायर कहलाता है। मन को छू जाते हैं। एक और कविता की लाइन रमेश अरोड़ा की सोच की गहराई और लिखने का अंदाज दिखाती है। "**एक मंजिल और क्या बनी... छत को फर्श बनते देर न लगी।**" इसी तरह उनका अपने पर यकीन इन लाइनों में देखें।

अपने को कब का पहचान चुके थे हम– "जो खुद की नज़र से गिर गया वह मैं नहीं हो सकता।"

राजनीतिक जीवन में अनेक ज़िम्मेदारियों पर रहे सक्रिय कार्यकर्ता ने अपने अंदर के कवि को जिंदा रख कर लिख पाना मुश्किल काम है। लेकिन उनकी इस कला को देखकर मैं कह सकता हूँ कि यह किताब "**अनुभूतियाँ**" जम्मू कश्मीर में और इसके बाहर भी पंसद की जाएगी।

मेरी तरफ से शुभकामनाएँ।

–बी. ए. खान

सलाहकार उपराज्यपाल

संदेश

श्री रमेश अरोड़ा जी द्वारा रचित काव्य संग्रह "**अनुभूतियाँ**" एक अनुपम कृति है। स्वयं के जीवन की अनुभूतियों को काव्य रूप में जीवंत बनाने वाली श्री रमेश अरोड़ा जी की यह रचना न केवल जीवन के विभिन्न आयामों को चित्रित करती है बल्कि राष्ट्रभक्ति और समाज की अनूठी मिशाल भी पेश करती है।

"**जीने का हुनर सिखा दिया जमाने में—जो शख्स जिन्दा नहीं वह मैं नहीं हो सकता**" ये पंक्ति उनके दृढ़ आत्मविश्वास को दर्शाती है।

राष्ट्र के प्रति उनकी गहरी सोच उनकी पंक्तियों "**जीवन से भी बड़ा कोई है, बतलाया मौत को जयकारों से**", "**कर्ज चुका सकते हैं उनका मुक्ति दिला मक्कारों से, आज नवमंडल गूंजे आजादी के नारों से**" में परिलक्षित होती है।

मैं उनकी पुस्तक "**अनुभूतियाँ**" के सफल प्रकाशन पर उन्हें हृदय से शुभकामनाएं देता हूँ और परमपिता परमेश्वर से प्रार्थना करता हूं कि उनके कवि मन को और निखरता प्रदान करें जिससे वे भविष्य में भी समाज को ऐसी अनुपम कृतियाँ भेंट करते रहें।

शुभकमानाओं सहित।

—तरूण चुघ

राष्ट्रीय महामंत्री, भाजपा

अनुक्रम

चलो कहीं दूर चलें

चलो कहीं दूर चलें
आसमान में तारों को छू लें
न खोने को कुछ रहे
ना पाने की आस
चलो कहीं दूर चलें
आसमान में तारों को छू लें!

न घर हो कोई मेरा
न मिलन की ही आस
पंख हों जो कभी थकें नहीं
सांसे हों जो कभी रुकें नहीं
चलो कहीं दूर चलें
आसमान में तारों को छू लें!

सूरज भी शीतल सा लगे
चांद भी मेरा घर हो
न कोई बंधन हो बाकी
न कोई बाकी प्यास
चलो कहीं दूर चलें
आसमान में तारों को छू लें!

आदमी नहीं इंसान मिले
राह में खड़ा भगवान मिले
न मैं अपने से दूर हूं
न अपने ही पास रहें
चलो कहीं दूर चलें
आसमान में तारों को छू लें!

बस उड़ता ही रहूं
कभी बादलों में छुप के
कभी बादलों के पार
चलो कहीं दूर चलें
आसमान में तारों को छू लें
न खोने को कुछ रहे
न पाने की आस!

न दुनिया के झमेले हों
सब हों वहीं मगर
फिर भी हम अकेले हों
आओ फिर गगन को छू लें
चलो कहीं दूर चलें
आसमान में तारों को छू लें!

कभी तो वहां मिलें
जहां से सफर पर निकलें
ख़ुदा से मिलकर यह कहें
कि हम खुदा क्यों न हुए
चलो कहीं दूर चलें
आसमान में तारों को छू लें!

ज़र्रे ज़र्रे पर बसने वाला
कहां जा छुप जाता है
हक़ीक़त में न देख सकें हम
कहानियों में नज़र आता है!
चलो कहीं दूर चलें
आसमान में तारों को छू लें!

बस चलो अब कहीं दूर चलें
आसमान में तारों को छू लें
न खोने को कुछ रहे
न पाने की आस
न घर ही हो मेरा
न मिलन की आस!

पंख हों जो कभी थकें नहीं
सांसें हों जो कभी रुकें नहीं
बस चलो अब कहीं दूर चलें
आसमान में तारों को छू लें!

हुआ क्या तेरी दरियादिली को

रूह तेरी, जिस्म तेरा, कुछ मालिक समझा दिया होता
रूह निकालने से पहले, कुछ बता दिया होता!
दुनिया तेरी गली कूचा तेरा, मालिक कुछ परेशान नज़र आता है
आदमी तेरा, तेरे फैसले पर, बहुत हैरान नज़र आता है!
रूह तेरी...

बंद पड़े तेरे मंदिर, मस्जिद, चर्च, गुरुद्वारे
सजदा अपना तूने रोक दिया, छुपा कुछ गहरा फ़रमान है
भूल गया क्या आदमी तेरे घर का तेरा ही सामान है!
रूह जिस्म से खींच रहे हो क्या सब मिटाने का अरमान है!
रूह तेरी...

आदमी गुनाह करता था तू भी माफ़ करता रहा
गुनाह से तौबा कर ली सब रिश्ते भी परेशान हैं!
खुदा तेरी दुनिया में तेरा कहर कुछ बरसेगा इस तरह
आदमी आदमी से डर रहा फ़रिश्ता भी हैरान है!
रूह तेरी...

गली कूचे गांव शहर सब हो चुका वीरान है
हर आदमी सहमा–सहमा कुछ पल का मेहमान है
हर फ़रिश्ता हाथ जोड़े खड़ा सुन ले इनकी आज ज़रा
मौत सिर पर नाच रही ज़िंदगी भी परेशान है!
रूह तेरी...

तेरे पर विश्वास था तूने सब कुछ बनाया है
आज विश्वास टूटता देख सब देवता भी परेशान हैं
आज रहम कर अपनी रहमत से अपने बंदे पर ऐ ख़ुदा?
हुआ क्या तेरी दरियादिली को राहगीर तेरा हैरान है!
रूह तेरी...

❖

नोट : *कोरोना काल और भगवान*

वो शायर कहलाता है!

किसी पतंगे सा जो जलता है
उसकी जलन भी समझता है
अंधेरों में जुगनू सा चमकता है
जो सूरज से मिलके आता है
वो शायर कहलाता है!

गुरबत का वो आंसू बनके
ज़मीं पर टपक जाता है
इंसानों को जो समझता है
जो खुद पे मुस्कुराता है
वो शायर कहलाता है!

बुढ़ापे की झुर्रियों में छुपके
जवानी को समझ जाता है
मुफ़लिसी के एहसास को
जो अपने में छुपा पाता है
वो शायर कहलाता है!

तारों की भाषा समझता है
चांद से मिलकर आता है
फूलों को अपने सा लगता है
जो कांटो में भी मुस्कुराता है
वो शायर कहलाता है!

इंसानों का दर्द देख पाता है
जज़्बातों को समझ जाता है
किसी की खुशी बांट लेता है
जो दर्द को दिल से सहलाता है
वो शायर कहलाता है!

❖

वक्त क्या बदला उन्होंने कंधे पर लेटा दिया

रूह की गहराई से मैंने तराशे थे पत्थर
सुना है मंदिर में तूने उसे भगवान बना दिया
हम गली कूचे मैं ढूंढते हैं आज भी ख़ुदा को
मेरे तराशे पत्थर ख़ुदा बन बैठे
अपने ही ख़ुदा को भुला दिया!

ज़मीन दौड़ती रही अपना समझ,
सूरज के चारों ओर मगर
हश्र क्या हुआ होगा ज़मीन को पता चला,
सूरज ने उसे कब का भुला दिया!

एक बूंद ने ही समुद्र को बना डाला था मगर
दरिया क्या दिख गया समुंदर को उसने
बूंद का होना ही झुठला दिया!

शहर बनते रहे चमकने लगे,
हमें भी अच्छा लगने लगा था मगर
दर्द की आवाज़ कानों तक पहुंची तो जान सके
कितने गांव को शहरों में, ज़मीन में दफ़ना दिया

ज़िंदगी को रौंदते मुस्कुराते चलते थे लोग
वक्त क्या बदला उन्होंने कंधे पर लेटा दिया

❖

जीने का हुनर

जीने का हुनर सिखा दिया ज़माने में
जो शख़्स ज़िंदा नहीं वह मैं नहीं हो सकता!

प्यार सुकून रोशनी फुर्सत से बांटी है हमने
जिसको अंधेरा निगल गया, वह मैं नहीं हो सकता!

आसमा से ऊंची मुक़द्दस परवाज़ है मेरी
जो ज़मीन पर गिर के बिखर गया वह मैं नहीं हो सकता!

अपने को कब का पहचान चुके थे हम
जो ख़ुद की नज़र से गिर गया, वह मैं नहीं हो सकता!

कायनात का ज़र्रा ज़र्रा, मेरी कहानी बयां करता है
जो गुमनामी में खो गया, वह गैं नहीं हो राकता!

हमने खुद बीज बन ज़मीन पर पेड़ उगा दिए
जो टहनी से टूट कर गिर चला, वह मैं नहीं हो सकता!

ख़ुदा भी मुस्कुराता है हमारी ज़िंदादिली पर
जो गुमनाम खो गया वह मैं नहीं हो सकता!

हमने तो कुदरत को झुका कर देखा है
जो ज़मीन पर खड़ा न हो सका, वह मैं नहीं हो सकता!

सारे प्रश्नों का जवाब बन चुके थे हम
जो ना सुलझ सका, वह मैं नहीं हो सकता!

आओ मिलकर सब को मिलते हैं दोस्त
जो अकेला रह गया, वह मैं नहीं हो सकता!

❖

जीने का अंदाज़ अपना

मुश्किल हो चला था
मंज़िल खो चला था!
सरल कर लिया हमने
जीने का अंदाज़ अपना!

दुनिया की नज़रों में
हम बड़ा नहीं होना चाहते!
बड़े हुए हैं अपनी नज़रों में
उसे नहीं अब खोना चाहते!

मुश्किल हो चला था
मंज़िल खो चला था!
सरल कर लिया हमने
जीने का अंदाज़ अपना!

मैं ही सृष्टि और ब्राह्मांड हूं
मैं रचयिता और प्राण हूं
इस सम्मान ने बड़ा बनाया
अब छोटा नहीं होना चाहते!
मुश्किल हो चला था!

मैं ही सबसे प्यारा था
हृदय की आंख का तारा था
हज़ारों साल बाद मिला है
उसे नहीं हम खोना चाहते!
मुश्किल हो चला था

दुनिया की नज़रों से जीते थे
अब अपने को पहचान लिया
अब दुनिया जैसा जी के
सब कुछ नहीं खोना चाहते!
मुश्किल हो चला था

एक जोत बुझने से डरते
हजारों साल वह जली है
अपने अंदर की रोशनी से
अब जुदा नहीं होना चाहते!
मुश्किल हो चला था

आओ पहचाने मिलकर ख़ुद को
अपने से बड़ा कौन हुआ है
अपने अंदर सब कुछ पाकर
उसे नहीं अब खोना चाहते!

मुश्किल हो चला था
मंज़िल खो चला था!
सरल कर लिया हमने
जीने का अंदाज़ अपना

❖

सूरज हूं मैं

मैं वह दिल की धड़कन नहीं जो कहीं रुक जाये
सूरज हूं मैं सदियों तक रोशन जहां करूंगा!

मैं ऐसी रोशनी नहीं हूं जो अंधेरों के साथ ही रहेगी
हज़ारों साल में बने क़दमों के निशां हूं
सदियों रास्ता दिखाते रहेंगे!

मैं चेहरे की झुर्रियों के पीछे छुपने वाली ख़ामोशी नहीं
झरना हूं जो ज़मीन का सीना चीर प्यास बुझाने आया हूं!

मैं रोते दिल का दर्द नहीं,
जो आंसू बन आंखों से बाहर आए
एक दीया हूं ऐसा जो तूफ़ान में भी लहरा के जलता हूं!

कोई दमन कोई व्यवस्था, मुझे हरा नहीं सकती
मैं वह सोच हूं जिसे तुम सब मिल कर भी मार न सके!

मैं वह ज़िंदगी नहीं जो रूठ कर श्मशान तक चली जाए
मैं रेत में भी अपने क़दमों के निशान छोड़
दुनिया को चलने को कहता हूं!

बहुत देखे हैं सितमगर तूने ज़माने में
मैं वह विश्वास हूं जो हर सितम पर सितम करके जीता हूं!

मैं मंज़िल नहीं जो मिलने पर ख़त्म हो जाए
रास्ता हूं हज़ारों मंज़िलों तक चला जाता हूँ चला जाता हूँ
मैं वह दिल की धड़कन नहीं जो कहीं रुक जाए
सूरज हूं मैं सदियों तक रोशन जहां करूंगा!

❖

कौम की जिंदगी

कौम की ज़िंदगी तीरों, तलवार या एटम नहीं लिखता
बुलंद हौसले ही उसकी उम्र का पता देते हैं!

कितने तुम अपने लिए जीए
यह तुम्हारी कहानी बयां करती है
कितना लोग कौम के लिए जीए या मरे
यह कौम की ज़िंदगी है
जो लिखने वाले बयान करते हैं!

यह सांस मेरी ख़त्म होने से पहले
तुम्हें आगे चलना है आगे
क़ौम ज़िंदा लोगों की सांसों से पलती है!

क़ौम के लिए मरने के जज़्बे को, सलाम करते हैं
जो शहादत दे चुके उन्हें झुक के प्रणाम करते हैं
इतिहास तो देश के लिए,
जीने वाले भी लिखा व बनाया करते हैं!

तुम्हें क्या मिला यह कौम नहीं जानती
तुमने क्या खो दिया यह तेरी पहचान है
मुझे मेरे घर का पता क्या बताते हो दोस्त
जज़्बातों को कब का रुख़्सत कर आए!

अब तो उन दिलों में ज़िंदा हैं
जो दूसरों के लिए धड़कते हैं
कौम की ज़िंदगी तीरों तलवार या एटम नहीं लिखता
बुलंद हौसले ही उसकी उम्र का पता देते हैं !

❖

सुकून

मौत तुम्हें लिखने चला था
जिंदगी तुम्हें पढ़ने चला था!
कौन जीता है सिसक–सिसक जिंदगी
मौत से प्यार करने लगते हैं लोग!

जमीन पर चलना अच्छा लगता है
जब तक पांव मेरा बोझ उठाते हैं!
सुकून भी जीने के लिए जरूरी है
छिन जाए तो, जनाजे में देर ना लगे!

रूह की गहराइयों से जी है जिंदगी
परछाई मेरी जब लड़खड़ाने लगे
कौन गिनता रहे सो साल जमीन पर
हवा बन उड़ चलूं इसमें देर ना लगे जिंदगी!

मेरा रहना ना रहना कुछ को रुला तो देगा
कभी–कभी जख्मों को सुलगा तो देगा
पर सुकून का सफर करना है जिंदगी
तेरी वहशत से मौत की दहशत अच्छी लगे है जिंदगी!

तेरे घर पर सब जीने का सामान पड़ा होगा
हर प्यार करने वाला हाथ जोड़कर खड़ा होगा!
हम खुली आंखों से देखते रहेंगे सब
सबसे प्यार करने वाला किसी कोने पर पड़ा होगा!

❖

ज़िंदगी में अपने से आंख मिलाए रखना

चिराग़ रोशनी में भी तुम जलाए रखना
अंधेरा दिलों में पसरते देर नहीं लगती

हो सके दुश्मनों से हाथ मिलाए रखना
दोस्तों को दुश्मन बनते देर नहीं लगती

रास्ते हमवार भी हों क़दम अपने बढ़ाए रखना
हवाओं को आंधियों में बदलते देर नहीं लगती

सूरज मत देखो जुगनू बन रोशनी बनाए रखना
बादलों में सूरज को छुपते देर नहीं लगती

ज़िंदगी में अपने से आंख मिलाए रखना
जिस्म से रूह को निकलते देर नहीं लगती

पलों को सदियां समझ रुकाए रखना
बस्तियों में मौत को बरसते देर नहीं लगती

जिस्म में रूह की रोशनी जगाए रखना
इसे माटी में बदलते देर नहीं लगती

क़दर उनकी भी मन में बनाए रखना
हसीन ख़्वाब को ख़त्म होते देर नहीं लगती

❖

राजनीति का एक रूप

कोई ले आओ रोशनी राजनीतिक गलियारों तक
यहां सफ़ेद लिबास में लिपटा शैतान नज़र आता है!
चलो चलें रमेश इस शहर को छोड़ दूर कहीं
इस घर में हर शख़्स परेशान नज़र आता है!

खून भी सिसक–सिसक के टपकता है जहां
ऐसी क़त्लगाह का आदमी सामान नज़र आता है!
हमने भी समझौता ज़िंदगी से कर लिया
घर में हज़ारों साल का सामान नज़र आता है!

सोचा करता था कि सबको सब कुछ मिल जाएगा
ग़ुरबत से जूझता ग़रीब का चेहरा भी खिल जाएगा!
यहां तो कुछ हाथों में सिमटा हर सामान नज़र आता है
बस नारा ही सब में बांटो, ऐसा ईमान नज़र आता है!

इंसान को इंसान न समझने का
ऊंचे तख़्त का फ़रमान नज़र आता है
जो दिखता है वह बिकता है
हर शै चमकता हुआ सामान नजर आता है!

भूख की आग आंत में जलती रहे
आस न टूटे, ऐसा इंतज़ाम नज़र आता है
कोई ले आओ रोशनी राजनीतिक गलियारों तक
यहां सफ़ेद लिबास में लिपटा शैतान नज़र आता है!

जाने क्यों ठहरने को फिर भी मन करता है
मौत के फ़रिश्तों का पल–पल फ़रमान नजर आता है!
लाशों के ढेर पर कैसी नीति, कूटनीति, राजनीति
तेरे शहर में हर शख़्स लूटी इज़्ज़त का सामान नज़र आता है

कोई ले आओ रोशनी राजनीतिक गलियारों तक
यहां सफ़ेद लिबास में लिपटा शैतान नज़र आता है!

❖

कुछ आदमी रुका तो सही

बहुत भाग लिए हम ख़ुद से दूर हो कर
ख़ुद को भूले ही थे ख़ुदा को भी भुला दिया!

आदमी को अपने अंदर ज़िंदा रखा मगर
इंसान को हमने बहुत रुला दिया!

आज ऊपर वाले को अपनी दुनिया का ख़्याल आया
सब कुछ मैंने दिया इसने उसे भी भुला दिया!

इतना तेज़ दौड़ रहा था सब कुछ अपना छोड़ कर
आज कुछ करिश्मा ऐसा किया, अपने घर बैठा दिया!

आज अपना भी ख़्याल, उसका भी आया है हमें
मैं ख़ुद कायनात का मालिक हूं यह समझा दिया!

चलो चलें रमेश ख़ुद को समझने के लिए रुक तो गए
वरना हमने अपने को छोड़, दुनिया को समझा दिया!

ज़िंदगी तेज़ दौड़ती रही रिश्तों को भी तोड़ती रही
आज कुछ पल रोक के, सब कुछ बता दिया!

कुछ अपनी भी बात समझने की आदत कहां रही
आज क़दम क्या रुके आईना दिखा दिया!

मैं किसको बनाता रहा, किस को मिटाता रहा
आज शहर क्या रुका, सब समझा दिया!

आओ एक नई दुनिया, नए रिश्ते बनाते हैं
बाहर सब खाली पड़ा है ख़ुदा ख़ुद में दिखा दिया!

❖

नोटः *आज के हालात पर लिखी गई चंद लाइने, कोरोना के प्रकोप में।*

अनुभव

एक सितारा ज़मीन पर आते देख
बचपन मां से कहता है,
क्या यह ज़मीं तलक आएगा!

मुस्कुरा के बोल पड़ीं चेहरे की सलवटें
अपनी हैसियत से गिरा है,
रास्ते में खो जाएगा!

हंसते हुए चेहरे जब बेनक़ाब होते हैं
वह अक्सर कभी आफ़ताब होते हैं!
अब ज़िल्लत मौत की ओर ले चली,
ज़िंदगी का हिसाब न कर पाएगा!
एक सितारा ज़मीं पर आते देख
बचपन मा से कहता है
क्या यह ज़मीं तलक आएगा!

ले आओ बांध के ज़ंजीरों में इसको
इंसानियत को इसने बड़ी दरिंदगी से लूटा है!
मैं किनारे पर बैठा अपने को छोटा समझ रहा था
इन्हें गिरता देख लगता है
कि मैं धरती का ख़ुदा हूं!

एक सितारा ज़मीं पर आते देख
बचपन मां से कहता है
क्या यह जमी तलक आएगा
मुस्कुरा के बोल उठीं चेहरे की सलवटें
हैसियत अपनी से गिरा है
रास्ते में खो जाएगा!

इतना ऊंचा उड़ रहा था
आज उसे गिरने पर ज़मीन न मिली!
घर का सामान सौ वर्ष से कम होता तो अच्छा था
हज़ारों साल कौन गिनता रहे तेरी रहमत को!
एक सितारा ज़मीं पर आते देख
बचपन मां से कहता है
क्या यह ज़मी तलक आएगा
मुस्कुरा के बोल उठी चेहरे की सलवटें
अपनी हैसियत से गिरा है
रास्ते में खो जाएगा!

एक सांस वह भी मेरी नहीं
कौन इतबार करे तेरी बेवफ़ाई पर!
एक सितारा ज़मीं पर आते देख
बचपन मां से कहता है
क्या यह ज़मीं तलक आएगा!
मुस्कुरा के बोल उठीं चेहरे की सिलवटें
अपनी हैसीयत से गिरा है
रास्ते में खो जाएगा!

❖

जहां को बदल दो

वक्त को बदल दो
हालात को बदल दो
चलो तो चलो इस तरह
संसार को बदल दो!

अपने को बदल दो
कायनात को बदल दो
सोचो तो सोचो इस तरह
छोटे ख़्यालात को बदल दो!

ज़मीन को बदल दो
जहां को बदल दो
देखो तो देखो इस तरह
प्यार से जज़्बात को बदल दो!

राहगीर को बदल दो
रहनुमां को बदल दो
मिलो तो मिलो इस तरह
इंसान के हालात को बदल दो!

अहंकार को बदल दो
अभिमान को बदल तो
जियो तो जियो इस तरह
आदमी को इंसान में बदल दो! ❖

मां

बड़ा हो गया हूं दुनिया की नज़रों में,
दुनिया में बहुत कुछ देखा और पाया है!
मेरी उम्र कोई भी हो, मां बहुत याद आती है!

कोई रिश्ता तुझसे बड़ा नहीं हो सकता,
आज भी तेरी हंसी मुझे हंसाती है
आज भी तेरी यादें मुझे बहुत रुलाती हैं!
मेरी उम्र कोई भी हो, मां बहुत याद आती है!
बड़ा हो गया हूं दुनिया की नज़रों में
दुनिया में बहुत कुछ देखा और पाया है
मेरी उम्र कोई भी हो, मां बहुत याद आती है!

आज दुनिया जी, कह कर बड़े नाम से बुलाती है
पर मां छोटे नाम पर तेरा ही हक़ था!
मन करता है कभी–कभी तेरे आंचल में सो जाऊं ,
दुनिया छोड़ कर कहां चली जाती है!
मां आज भी तेरी याद आती है!
बड़ा हो गया हूं दुनिया की नज़रों में
दुनिया में बहुत कुछ देखा और पाया है
मेरी उम्र कोई भी हो, मां बहुत याद आती है!

मां तेरे नाम पर लिखता हुआ सरल हो चला हूं
आज भी तेरी कशिश मेरे अंदर बाकी है
मन करता है तू लौट के फिर आ जाए!

एक बार सिर्फ़ फिर से गले लगा जाए
तेरा नाम लेकर मैं रो पड़ता हूं
अक्सर बिस्तर पर फिर थक के सो पड़ता हूं!
बड़ा हो गया हूं दुनिया की नजरों में
दुनिया में बहुत कुछ देखा और पाया है
मेरी उम्र कोई भी हो, मां बहुत याद आती है!

मां तेरा प्यार यादें बनके रगों में दौड़ता है
सारी दुनिया से, सारी कायनात से लड़ सकता हूं मगर,
तेरे आंचल में सर रखकर सोना बाकी है
उम्र कोई भी हो मां बहुत याद आती है!
बड़ा हो गया हूं दुनिया की नज़रों में
दुनिया में बहुत कुछ देखा और पाया है
मेरी उम्र कोई भी हो, मां बहुत याद आती है!

तेरे आगोश में रमेश खो जाना चाहता है
तेरा कर्ज़ तो अभी बाकी है
कैसे उतार पाऊंगा,
कैसे तेरे से उस दुनिया में आंख मिलाऊंगा!
तेरी ममता का हिसाब बाकी है
तेरी याद अभी बाकी है
तेरा प्यार अभी बाकी है
तेरी बहुत याद आती है
उम्र कोई भी हो बहुत रुलाती है!

बड़ा हो गया हूं दुनिया की नजरों में
दुनिया में बहुत कुछ देखा और पाया है!
मेरी उम्र कोई भी हो मां बहुत याद आती है।

❖

बहते पानी से इश्क़ नहीं करता

मैं बहते पानी से इश्क़ नहीं करता
वह मेरे लिए रुकता नहीं है
बांध बनाकर रोक भी लूं मगर
चंद बारिश की बूंदे ज़्यादा मिलने पर
वह बांध तोड़ कर निकल जाएगा!

मैं बहते पानी से इश्क़ नहीं करता
वह मेरे लिए रुकता नहीं है!
बांध बनाकर रोक लूं मगर
चंद बारिश की बूंदें ज़्यादा मिलने पर
बांध तोड़ के निकल जाएगा!

सूरज तू भी रोशनी पर गुमां न कर
धरती ने करवट बदली तो अंधेरा छा जाएगा!

आदमी आदमी से मिलता नहीं है
जब से एहसास हुआ कि वह धरती का ख़ुदा है!

मैं बहते पानी से इश्क़ नहीं करता
वह मेरे लिए रुकता नहीं है
बांध बनाकर रोक लूं मगर

चंद बारिश की बूंदें ज़्यादा मिलने पर
बांध तोड़ के निकल जाएगा!

कुछ सांसो को रोक रखा है मैंने
सुना है दम निकला तो इंसान मर जाएगा!

इंसान अपनी रोशनी पर तू भी गुमान न कर
जुगनू है कहां तक जाएगा!

आसमां कुछ रंगों से संवरा तो है
धूप होने दे तू भी बिखर जाएगा!

मैं बहते पानी से इश्क़ नहीं करता
वह मेरे लिए रुकता नहीं है
बांध बनाकर रोक लूं मगर
चंद बारिश की बूंदें ज़्यादा मिलने पर
बांध तोड़ के निकल जाएगा!

अब मेरे शहर का शोर
मुझे सोने नहीं देता!
अब माटी में मिलने पर ही आराम आएगा!
मैं बहते पानी से इश्क़ नहीं करता
वह मेरे लिए रुकता नहीं है

वह कहते हैं लिखने की कला अच्छी है
नहीं जानते चंद अल्फाज लिखने में
मेरे अंदर एक तूफान गुजर जाएगा!

मैं बहते पानी से इश्क़ नहीं करता
वह मेरे लिए रुकता नहीं है
बांध बनाकर रोक लूं मगर
चंद बारिश की बूंदें ज़्यादा मिलने पर
बांध तोड़ के निकल जाएगा!

तुम कहते हो ज़िंदगी सौ वर्ष का सामान है
आंखों को बंद करके क्यों रखा है?
खुली आंख से पल भर में,
हमने उनको गुज़रते देखा है!
मैं बहते पानी से इश्क नहीं करता
वह मेरे लिए रुकता नहीं है
बांध बनाकर रोक लूं मगर
चंद बारिश की बूंदें ज़्यादा मिलने पर
बांध तोड़ के निकल जाएगा।

❖

वह साथी अब छूट गया है!

देखा जिसको सपनों में था
ढूंढा जिसको अपनों में था
वह साथ ही अब छूट गया है!
देखा जिसको सपनों में था
ढूंढा जिसको अपनों में था

मेरा अपना सब कुछ था वो
जाने क्यों वो रूठ गया है!
देखा जिसको सपनों में था
ढूंढा जिसको अपनों में था
वह साथी अब छूट गया है?

अटल इरादों में अटल था वह
अनु का विस्फोट करा के
पोखराण में नाम बना के
जाने कहां वो रूठ गया है!
ढूंढा जिसको सपनों में था
देखा जिसको अपनों में था
वह साथी अब छूट गया है!

पाने की जिसको ललक रहती थी
मिलने पर वह दूर गया है
अब कोई मिला दे मुझको
मेरा मुझसे रूठ गया है!
ढूंढा जिसको सपनों में था
खोजा जिसको अपनों में था
वह साथी अब छूट गया है!

मेरा अब मेरा नहीं रहा
मेरा बहुत दूर गया है
कौन मिला सकता है मुझसे—मुझको
स्वयं से जब दूर गया है!
ढूंढा जिसको सपनों में था
खोजा जिसको अपनों में था
वह साथी अब छूट गया है!

अंधकार में दीप जला के
बाधाओं में कमल खिला के
नव निर्माण की ज्योति जला के
जाने कहां वो रूठ गया है!

खुली आंख से देखा करता
बंद आंखों से दिखे न सपना
देखा जिसको सपनों में था
ढूंढा जिसको अपनों में था
वह साथी अब छूट गया है
जाने क्यों वो रूठ गया है

❖

नोट : *अटल जी पर लिखी गई कविता।*

हम कश्ती किनारे लाएंगे!

आंधी और तूफ़ानों में
अनजानों के अपमानों में
हम कश्ती किनारे लाए थे
हम कश्ती किनारे लाएंगे!

आज फिर समय विकराल हुआ
सब दिशाओं में काल हुआ
नवज्योति हम जगायेंगे
हम कश्ती किनारे लाएंगे!

आंधी और तूफ़ानों मैं
अनजानों के अपमानों में
हम कश्ती किनारे लाए थे
हम कश्ती किनारे लाएंगे!

कदम हमारे रोक न सका
विकराल काल बन आया है
हम लक्ष्य अपना पाएंगे
हम कश्ती किनारे लाएंगे!

एकलव्य का अंगूठा कटा
गुरु द्रोण का अभिमान बढ़ा

महाभारत जीत न पाएंगे
हम कश्ती किनारे लाएंगे!

आंधी और तूफ़ान में
अनजानों के अपमानो में
हम कश्ती किनारे लाए थे
हम कश्ती किनारे लाएंगे!

रंगमंच नहीं हक़ीक़त है
अनुशक्ति से बड़े हौसले
दुश्मन जीत न पाएंगे
हम कश्ती किनारे लाएंगे!

शतरंज की बिसात अब
हारी नहीं जा सकती
अभिमन्यु आज बचाएंगे
हम कश्ती किनारे लाएंगे!

युग परिवर्तन हो चला
दुश्मन भरोसा खो चला
जीत निश्चित बनाएंगे
हम कश्ती किनारे लाएंगे!

आंधी और तूफ़ानों में
अनजानों के अपमानों में
हम कश्ती किनारे लाए थे
हम कश्ती किनारे लाएंगे!

❖

प्यार बांटता मिल जाता

रमेश बहुत कुछ बटोरने चला
दुनिया में सब मुझे मिल जाए!
समुद्र को समेटने चला
हाथ से बूंद भी फिसली जाए!

रमेश सूरज को पकड़ने चला
किरण भी हाथ न आए!
तुमको तो मैं पा न सका
ख़ुद से दूर चलता जाए!

रमेश आदमी उड़ने लगा
चांद तक चला जाए!
अंत में माटी ख़ुद बना
वह भी हाथ न आए!

गहरे पानी में उतरे बिना
मोती न मिल पाए!
चांद तो रमेश मिला नहीं
जुगनू जगता बुझता जाए!

रमेश दोस्त–दोस्त चिल्लाता रहा
आप न दोस्त बन पाए!
प्यार बांटता मिल जाता
नफ़रत बिन बांटे मिलती जाए!

रमेश चंद शब्द लिखने चला
जिसमें सब समाए!
दुनिया चल के देख ली
हाथ मलता रह जाए!

❖

सांप तो यूं ही बदनाम है।

आदमी आदमी को डसने लगा है
सांप तो यूं ही बदनाम है।
सांप काटे तो निशान छोड़ देते हैं।
आदमी काटता है और निशान भी नहीं है।

प्रेम एहसास सब किताबों में मिलते हैं।
हक़ीक़त में तो ज़िंदगी में ज़हर उगलते हैं।

शहरों के शोर में आदमी, तो अक्सर मिलते हैं।
इंसानों का जिक्र तो है, पर इंसान कहां है

पुरानी धूल से भरी लाइब्रेरी में
इंसान दिख जाते हैं।
मुझे मेरा अक्स दिखाकर मुस्कुराकर
किताबों में फिर छिप जाते हैं।

आदमी इंसान कब बन पाएगा
इसका ही मुझे सदियों से इंतज़ार है
आदमी इंसान बना है यह सुनने को
ऊपरवाला ज़मी पर आया है!

मां हर बात पर गले लगा लेती है।
एहसास इंसान न होने का, भुला देती है।
आज मुझे छोड़ आसमानों में चली जाती है।
बड़ा हो गया हूं पर तेरी याद आज भी आती है!

❖

जीने का अंदाज़ बदल दे

चलो आज हमें भी जीने का अंदाज सिखा दो
वहशत से चलने वाले को कोई ख़ौफ़ से मिला दो!

बादलों को कहो क्यों गरज–गरज के बरसते हैं
कोई ले जाकर इन्हें भी धधकती आग से मिला दो!

शहरों की गर्मजोशी को कुछ और बढ़ने तो दो
गांव को ले चल कर अब शहर में बसा दो!

आदमी को इंसान बनाने की, हमने बहुत कोशिश की है
आज चलो इसे भी कंधों पर जा रहे इंसान से मिला दो!

सुबह की ओस को अभी खुश्क हो जाने तो दो
ज़िंदगी अपने आप दौड़ने लगेगी बस राह दिखा दो!

जिन्होंने अपनों से न मिलने की क़सम खा ली है
चलो आज कहीं चल कर इन्हें मां से मिला दो!

झोपड़ी में भी ज़िंदगी जीती है कोई इनको बता दो
मेहरबानी करने लगेंगे ले जा गुरबत तो दिखा दो!

आसमा को न देखो, कोई ज़मीन पर आता नहीं है
आज दर्पण कोई ले आओ, जमीर इनका जगा दो!

हाथ पांव की बेड़ियां, अभी टूट जाने तो दो
एक सोच ने बांध रखा है, उसे ख़त्म हो जाने तो दो!

ज़ख़्म दिलों के लगे बहुत गहरे हो चले हैं
आदमी को अभी इंसान बन जाने तो दो!

अब अंधेरे भी रोशनी से जगमगाने तो दो
कोई ले जाकर इस दिए को गंगा में बहा दो!

कोई भूचाल इंसानियत देखने को चला आया है
कुछ ऐसा करो जिंदगी में इसे इंसानियत दिखा दो!

❖

सुकून घर का आज बिखर गया!

गांव का देवता शहर चला गया
सुकून घर का आज बिखर गया!
अमृत बांटता था मेरा वो झरना
शहर जाकर ज़हर उगलता गया!

गांव का संगीत सुकून देता था
शहर आते ही सब बदल गया!
माटी की खुशबू, दूध से नहाना
गोबर से लीपना, सब भाते थे!

जहां भी देखा नीरस आदमी
पत्थर सा दिल –देवता कहां गया!
गांव शहर बना –ज़हर बढ़ता गया
आदमी ज़िंदा रहा –इंसान मरता गया!

आज भी मां की कहानी रुला देती है
चिड़ियों का चहचहाना कहां गया!
कौवे बिना खिलाए मैं खाता नहीं था
आवाज़ किसे दूं साथी किधर गया!

गांव का देवता आज शहर चला गया
सुकून घर का आज बिखर गया!

❖

मैं भारत हूं मैं भारत हूं

मैंने रक्त की बूंद–बूंद दे
माटी का क़र्ज़ चुकाया है
मैंने ही भगतसिंह बन
फांसी को गले लगाया है।

मैंने राणा का चेतक बन
जौहर अपना दिखलाया है।
मैंने ख़ुद को बलिदान कर
अपने लालों को चिनवाया है।

मैंने नारी की लाज छोड
झांसी में खेल दिखलाया है।
मैंने वीर हक़ीक़त बन
मृत्यु को गले लगाया है।

मैंने देश धर्म के रिश्ते को
रक्त अपना दे बचाया है।
मैं अपनी विवेक मति से
विवेकानंद कहलाया है।

मैंने रावण को मारा
मैंने आतंक मिटाया है।
महाभारत के युद्ध क्षेत्र में
गीता उपदेश सुनाया है।

मैंने दधीचि बनकर
शरीर को खंजर बना डाला
राष्ट्र सम्मान की रक्षा को
मृत्यु को गले लगाया है।

मैंने भारत बन विश्व में।
ज्ञान का उपदेश सुनाया है।
विश्व गुरु बना स्वयं को
मार्ग जीवन का सिखलाया है।

अनेक बार तप करके
ऋषि भूमि कहलाया है।
मैं भारत हूं मैं भारत हूं।
मानवता की जननी कहलाया है।

❖

मैं अकेला नहीं

मैं अकेला नहीं एक वह सोच हूं
करोड़ों दिलों की धड़कन में बसती है।

मुझे अकेला समझने की भूल न करना
मंज़िल हूं पाने को दुनिया तरसती है।

सांस हूं जिसे लेने को सोचना नहीं पड़ता
रुकने पर ज़िंदगी इसे मिलने को तरसती है!

दिल की धड़कन हूं रक्त के साथ चलती है
एक आवाज़ हूं जो हर दिल में बसती है।

मुझे कहां तलाश करने को चले हो तुम
तुम्हें जन्म दे, तेरे अंदर ही पनपती है।

मैं रोशनी नहीं, जो अंधेरों को ख़त्म करती है।
ज़मीं हूं, जो दुनिया को साथ लेकर चलती है!

आकाश में उड़ कर भी, मेरी गोद में आना है
मेरे व तेरे होने का फर्क भी तो मिटाना है!

मुझसे दूर जा नहीं सकते, हर क्षण जो साथ चलती है
जीवन की डोर है हर सांस में बसती है!

तेरा घर मैंने बना दिया, अपना समझ कर
दुनिया तो बदल कर, बदहवासी में चलती है!

अकेला नहीं एक वह सोच हूं
करोड़ों दिलों की धड़कन में बसती है।

मुझे अकेला समझने की भूल न करना
मंज़िल हूं पाने को दुनिया तरसती है।

❖

अजनबी तो अजनबी

अजनबी सा शहर है, अजनबी सी दुनिया
जिसे अपना समझ बैठे, उस अजनबी का क्या कहें!

किसी के कहने पर अनजान शहर चला आया है तू
अपने भी अजनबी से लगे, अजनबी तो अजनबी!

मैं ख़ुद से भी अनजान, अपने से भी अजनबी हूं।
अजनबी तेरा घर, अजनबी गली कूचा तेरा!

जिसे अपना समझ ज़िंदगी बसर कर रहा था
पहचान न सका, ज़मी भी अजनबी शहर भी अजनबी।

पहुंचा जिस देश से वह देश अजनबी
चला जिस ओर गगन में वह आकाश अजनबी!

तेरे लिए हर ज़हर भी पी चुका मैं
सफ़र ख़त्म हुआ, तू भी अजनबी मैं भी अजनबी!

कांटा चुभा जो तेरे दौड़ पड़ा अपना समझ कर
सांसों ने छोड़ा है तूने भी रिश्ता तोड़ा है!

चल पड़ा दफ़नाने, कहीं जलाने को तू
बस सारे रिश्ते थे अजनबी,
तू भी अजनबी मैं भी अजनबी!

अजनबी तो अजनबी मैं ख़ुद से भी अजनबी
किस को अपना बना चलूं सब के सब अजनबी!

तू अपना सा लगा था चल दिया आकाश के सफ़र पर
आज तू भी अजनबी, तेरी परवाज़ भी अजनबी।

अजनबी शहर है अजनबी सी दुनिया
जिसे अपना समझ बैठे, उस अजनबी का क्या कहें!

किसी के कहने पर अनजान शहर चला आया है तू
अपने भी अजनबी, अजनबी तो अजनबी।

❖

मेरा कश्मीर

अभी परिवर्तन हुआ है
आसमान को छुआ है!
सामान्य हो जाने दो
भूतकाल में खो जाने दो!

मानवता और देशहित
संदेश तो पहुंचाने दो!
न आतंक रहेगा न अन्याय होगा
यह बात तो समझाने दो!

कुछ ने बहुत ज़ख़्म दिए
मरहम तो लगाने दो!
अभी आसमान बादलों से ढका है
ज़रा बादल तो छंट जाने दो!

बहुत साल बहुत कुछ हुआ है
अमन शांति का गीत तो गाने दो!
मानव को मानव समझे
प्रेम से समझाने दो!

कितने अपनों का लहू बहा दिया
निशान को मिटाने दो!
कितने सालों के बाद मिले हैं
गले तो लगाने दो!

केसर की धरती कहां थी
उसे तो लहलहाने दो!
भारत मां के दूध को
शरीर में तो जाने दो!

सूफी संतों की धरती को
गीत कुछ गाने दो!
प्यार का संदेश अभी
घर–घर तो जाने दो!

जिन्होंने आत्मा तक मार दी है
जेल तक तो पहुंचने दो!
फिर से अमन आएगा
यह बात तो समझाने दो

❖

छत को फर्श बनते देर न लगी!

एक मंज़िल और क्या बनी
छत को फर्श बनते देर न लगी!
मेरा अहम् मुझे ले आकाश उड़ चला
आईना क्या दिखा, ज़मीन पर गिरते देर न लगी!

तूने बहुत बड़ा घर बना लिया
सुकून कम देता है दूसरों को डराता ज़्यादा है!
अपनी आज़ादी बड़ी प्यारी थी तुम्हें
बड़े घर में बंद हो, गुलामी करते देर न लगी!

तूने भी अकड़ के चलना सीख ही लिया
रिश्ते के धागों को टूटते देर न लगी!
तुम हमेशा दिलों में ज़िंदा रहने की बात कहते थे
धड़कन क्या रुकी,
लोगों को श्मशान पहुंचाने में देर न लगी!

तूने अपनी सोच को समेटा ही था
तेरे घर को मकान बनने में देर न लगी!
ज़मी पर रिश्ते फूलों से नाजुक थे
तूने नज़र क्या पलटी,
आसमान से आग बरसते देर न लगी!

तू रेत में अभी चला ही था
हवा का झोंका क्या चला
तेरे क़दमों के निशान, मिटने में देर न लगी!

आसमान सात रंगों से संवरा ही था
धूप क्या निकली तुझे मिटने में देर न लगी!

अभी–अभी तो बचपन खेल रहा था
जवां क्या हुआ बचपन जाने में देर न लगी!
अभी–अभी तो सूरज निकला ही था
तूने आंखें बंद की, अंधेरा होने में देर न लगी!

❖

मौत का फरिश्ता

कौन ले आया है मुझे तेरे शहर में
सब ने देखा आंख खुलते ही रोया भी था!
अब लेने आएगा जब फ़रिश्ता वापस मुझे
घर वापस जाते फिर रो पडूंगा मैं!

मेरे आंसू को निकलते शायद तुम न देख सको
आसमान की गरज और बादलों को देख समझ लेना
कितनी शिद्धत से तुम्हें प्यार करते रहे हैं!

मेरे एहसास बूंद–बूंद बनके तुम पर बरस पड़ेंगे
जब भी हंसते–हंसते तुम उदास हो जाओ और रो पड़ो
समझ लेना हवा का झोंका बन के हम पास से गुज़रे हैं!

कौन आना चाहता था तेरी गोद में कभी
कौन जाना चाहता है तेरे कंधों पर क़ाफ़िर
इस घर ने और उस घर ने हमें क्या–क्या दिया
तुम्हें क्या पता मैं अपना ख़ुदा भी छोड़े जा रहा हूं!

तू भी औरों की तरह हंस दोगे मुझे है यक़ीन
कब तक यादों में मुझे बांध रखोगे
वक्त ज़ख़्म देता है और भर भी देता है!

अब मैं सोचा करता हूं
कौन ले आया है मुझे तेरे शहर में
सब ने देखा आंख खुलते ही रोया भी था
लेने आएगा जब फ़रिश्ता वापस मुझे
घर वापस जाते फिर रो पडूंगा मैं!

❖

लोकतंत्र/आपातकाल

नव मंडल में जयघोष गूंजा
धरती हिली जयकारों से!
बिगुल बज उठा–आकाश हिलाता
सिंहासन हिला नारों से!

लोकतंत्र की हत्या करके
सिंहासन पाना चाहते थे!
यह कैसी राजनीति थी
नीति मरवाना चाहते थे!

लेकिन कुछ नहीं चुनौती स्वीकारी
रख जान हथेली आए थे!
संघर्ष करो जीत होने तक
यह नारा तक गूंजा था!

सिंहासन खाली करो कि जनता आती है
सरफ़रोशी में नारा अपनाया था!
देश की जेल भर दी थी सारी
ऐसा आपातकाल आया था!

पत्रकार बोलने से पहले
जेल पहुंचाए जाते थे!
सेंसरशिप के नाम पर
सब दबाए जाते थे!

राजतंत्र–लोकतं़त्र को मार चुका था
ऐसा अंधेरा छाया था!
इस दमन को ख़त्म करने
लोकतंत्र सेनानी आया था!

जनता की ताकत को पहचानना
सिंहासन छुड़ाया जाता है!
अत्याचार सह कर भी
लोकतंत्र बचाया जाता है!

न पद यश की चाह कभी थी
न अपमान हम भूले हैं!
संघर्ष कर विजय पाई थी
लोकतंत्र को जीत दिलाई थी!

एक नई सूरज की किरण
जनता का शासन लाती है!
बलिदान साथियों की फिर से
याद हमें दिलाती है!

न झुके हैं न झुकने देंगे
न रुके हैं न रुकने देंगे!
सब कुछ खोकर भी अपना
लोकतंत्र बचाया जाता है!

चारों ओर सत्ता का शोर था
चला नसबंदी का भयंकर दौर था!
किस मानव–अधिकार की बात करो
सब ख़त्म कर दिए जाते थे!

इंसान–इंसान से बात करने को
शासन से घबराते थे!
दौर दमन का देखा था
आपातकाल में चलाया जाता था!

लोकतंत्र के मंदिर में आज
माथा टेका जाता है!
लोकतंत्र सेनानी देख इसे
गर्व से मुस्कुराता है!

लोकतंत्र के लिए लड़ा जो
सब कुछ पा जाता है!
त्याग अपना भूल चुका
गीत विजय के गाता है!

संपूर्ण क्रांति का नारा लगाकर
देह की आहुति चढ़ा के!
अपना प्रण निभाया जाता है
लोकतंत्र बचाया जाता है!

❖

रिश्ते

हर बात पर नाराज़ होना ज़रूरी तो नहीं
हर बात पर साथ होना ज़रूरी तो नहीं!
अकेले आए थे ज़माने में मगर
कोई साथ चले ज़रूरी तो नहीं!

दोस्ती की क़ीमत दोस्त से आंके
दोस्त पास हो ज़रूरी तो नहीं!
प्यार वफ़ा सब मिलता है जमाने में
मगर कोई साथ रहे ज़रूरी तो नहीं!

महलों में रहना अच्छी बात है
आराम मिले वहां ज़रूरी तो नहीं!
तुम तो वफ़ा करके देख लो
वह भी वफ़ा करें ज़रूरी तो नहीं!

दुनिया हसीन लगती है मगर
मन भी हसीन हो ज़रूरी तो नहीं!
ज़माना कभी हंसा देता है
तुम भी हंस पड़ो ज़रूरी तो नहीं!

शहरों की रात शोर नहीं करती
तुम्हें आराम मिले ज़रूरी तो नहीं!
आज सब मुस्कुराने लगे हैं
तुम्हारे ग़म कम हों ज़रूरी तो नहीं!

तुम हमेशा साथ चले हो मेरे
तुम हमेशा साथ चलोगे ज़रूरी तो नहीं!
यह आसमां सर पर है मेरे
हमेशा मैं रहूं ज़रूरी तो नहीं!

चलो चलें ज़माने से दूर कहीं
अपने ही पास रहें ज़रूरी तो नहीं!
सब फ़र्ज़ निभाएं हैं हमने
हमेशा निभा सकें ज़रूरी तो नहीं!

❖

ज़िंदगी की थकन

ज़िंदगी की थकन जब बढ़ती ही चली
कहीं तो हमें भी तलब रुकने की हो चली
हमने वक्त को पुकारा मगर वह न रुका
यह सांसें ही थी जो थम गईं!

मैं ख़ुद को चलने से रोक न सका
सांसों का शुक्रिया रुक के सुकून तो दिया!
जिसने भी सांस ली खुशबू मेरी समाती रही
दिल तो हंसता रहा, याद मेरी रुलाती रही!

मैं जिया हूं इस तरह, मंज़िल मिलने को तरसती रही
जहां भी दुआ मांगी कायनात बरसती रही!

यह और बात है किसने पहचाना रमेश तुम्हें
हमें ख़ुद को समझने की भी आदत कहां रही!
दुनिया कभी मिली, कभी मिलने को तरसती रही!

आसमाँ से उतरा आसमाँ की ओर चला हूं
सफ़र ज़िंदगी का अधूरा छोड़ चला हूं!
वक्त मिले तो रुक कर पूछ लेना
सांसों ने रुक कर वफ़ा की, वक्त क्यों बदल गया!
वक्त का क्या कहें रुका, रुका न रुका न रुका!

कभी हवा तेरे घर तक तेरे दर तक ले आएगी
कभी तो याद मेरी तेरे ज़हन में बिखर जाएगी!
कभी तो आसमां से मेरा प्यार बरस पड़ेगा
कभी तो तेरी आंखों से आंसू छलक पड़ेंगे!

वायदा जो वापस आने का कर के चला हूं
लौट के आऊंगा तेरे शहर में मैं फिर कभी!
यह अलग बात है कि तू पहचाने या न पहचाने
तेरा अपना बनूंगा या पराए देश में चलता रहूंगा!
तेरे पास होकर भी तेरा न बन सकूंगा!

अधूरे रिश्ते टूटे ख्वाब संवारने है मुझे
ज़िंदगी की थकान जब बढ़ती ही चली!
कहीं तो हमें भी तलब रुकने की हो चली
हमने वक्त को पुकारा मगर वह न रुका
यह सांसें ही थी जो थम गई तेरा शुक्रिया
जिन्होंने रुक के सुकून तो दिया!

❖

ज़माना दुश्मन हो चला

ज़माना दुश्मन हो चला
दुश्मन ज़माना बना है!
किसको दोस्त माने अपना
दुश्मनी की भी इंतहा है!

दुश्मन तो दुश्मनी निभाते रहे
अपने भी उनसे हाथ मिलाते रहे!
यही तो पहचान बनी उनकी रमेश
दोस्त अच्छे थे पर दुश्मन बन आते रहे!

यूं तो डर था गिर न जाए कहीं
यह डर ज़िंदगी भर चलता रहा!
दोस्त आते जाते रहे
बस इक रमेश हम थे जो अपना साथ निभाते रहे!

आईना देख अपने पर मुस्कुरा देता हूं
हमसफ़र तो आईना बनाता रहा!
एक रोशनी का दिया जो हमने बुझने न दिया
यह हमारा नहीं आंधियों का कमाल था!

कुछ तो ठीक करते रहे हम
इसलिए दुश्मनों की तादाद बढ़ती रही!
लहरों से कह दो तेज़ चलें
ख़ुद को बार–बार आजमाते रहे!

❖

मौत तक हमें आजमाते रहे!

गुमां बहुत था उसको अपनी रोशनी पर
हम भी कुछ कम न थे
वह डर जलाने का दिखाते रहे
हम भी जलकर हौसला बढ़ाते रहे!
पतंगे जो ठहरे लौ से कहो
मौत तक हमें आजमाते रहे!

तुम्हारे जलने पर हमें दुख बहुत था
हम भी जल के साथ निभाते रहे!
जीने की कला कौन सिखाता
मरने की हमने भी ठानी थी
तुम आसमानों पे गरज रहे हो
हम बिना आवाज़ बरस जाते रहे!

किसी को जीने का मकसद न मिला
वह हमसे आज मिले तो सही!
कब तक मकसद बिना ज़िंदा रहोगे
यह कला हम जल के सिखाते रहे!

प्यार ले खड़े थे दलहीज़ पर उनके
नफरत ही सही कुछ तो वह लाते रहे!
उन्होंने ज़िद की जलाने की हमको
हम भी जल के साथ निभाते रहे!
ख़ामोश हो चली हमारी वफ़ा देखो
मौत तक बेवफ़ाई उनकी, हम आजमाते रहे!

❖

आईना

अपने को तो समझ न सका
दुनिया क्या समझा रहा है आदमी!
पल में मौत से मिल जाएगा
राज़ लंबी उम्र का बता रहा है आदमी!

ज़ख्म दूसरों को देता रहा है
मरहम खुद को लगा रहा है आदमी!
ज़मीन पर चलना सीखा नहीं है
आसमानों पर उड़ने जा रहा है आदमी!

हवाओं ने तेज़ चलना सीखा है
सांस बनना सबका मुक़द्दर नहीं है!
शोर कितना ज़माने में कर रखा है
आदमी से घबरा रहा है आदमी!

अपने को तो समझ सका न आदमी
दुनिया को समझाने चला आया है!
पल में कब मौत से जा मिले है
दुनिया को लंबी उम्र का राज़ बता रहा आदमी!

ख़ुद को समझ न सका है आदमी
ख़ुदा क्या है यह बताने आया है!
पतंग सा धागे से बंधा हवा रुख बताता है?
भीड़ में ख़ुद को न जान पाता है आदमी!

अपनी अपनी सभी सुना रहे हैं
दूसरों को सुनें इतनी फ़ुर्सत कहां है!
इतना तेज़ दौड़ रहा है आदमी
ख़ुदा को भी पीछे छोड़ रहा है आदमी!

अंधेरा दिलों में गहराया है
दीपक मंदिर में जलाया है!
अपनी आवाज़ सुन नहीं पाता आदमी
अज़ान दे कर ख़ुदा को बुलाया है!

ख़ुद का चेहरा कहां देख पाता है
दूसरों को आईना दिखा रहा है आदमी।
गुब्बारा है चंद सांसों में फूल जाता है
दुष्कर्मों से अपना बोझ बढ़ा रहा है आदमी!

❖

मुसाफिर हूं दुनिया का मैं

मैं जब भी अकेला होता हूं
सोचा करता हूं मैं अक्सर
कब तक मैं सबके साथ रहूं
कब तक सब मेरे साथ होंगे
अक्सर तनहाई मुझसे कहती है
क्यों मैं सब सोचा करता हूं

अकेला चल कर आया था मैं
अकेले सफर करना है मुझको
अपने साथ क्यों नहीं चलता मैं
अपने पास क्यों नहीं रहता मैं
क्यों तेरा साथ ढूंढा करता हूं
अक्सर खुद से पूछा करता हूं

मुसाफिर हूं दुनिया का मैं
अपनी थकान मिटाने को रुका हूं
क्यों मैं सबके साथ चलूं
क्यों सब मेरे साथ चलें
कब तक मेरे साथ चलें
अक्सर खुद से पूछा करता हूं

मैं अकेला हूं यह भूला करता हूं
मैं हूं मैं और कुछ भी नहीं
तुम मुझे मुझसे दूर करते हो
फिर साथ छोड़ कर चल पड़ते हो
कैसे खुदा से आंख मिलाऊंगा
अक्सर खुद को भूला करता हूं

मुझे जीना है साथ मेरे ही
कितने कदम तुम साथ आओगे
जितना भी साथ चलोगे तुम मेरे
उतना मुझे मुझसे दूर ले जाओगे
क्यों तेरा साथ खोजा करता हूं
अक्सर खुद से पूछा करता हूं

आसमान से उतरा हूं जमीन पर
आसमा ही मुझे डरा रहा है
मुसाफिर हूं दुनिया का मैं
कोई आसमान पर बुला रहा है
मुझे फिर सफर पर चलना है
अक्सर भूला करता हू मैं

प्यार नहीं मोह है तेरा
क्यों मैं छोड़ ना पाता हूं
तुम को कैसे अपना बनाऊंगा
उससे कैसे आंख मिलाऊंगा
अपने वजूद को कैसे बचा पाऊंगा
अक्सर अपने को बोला करता हूं मैं

चलो चलें रमेश अपने पास कहीं
क्यों अपने से इतना दूर हुए
आओ खुद को आजमा लें
दुनिया हमने जीती भी तो क्या
अपने से हारे तो जीत कैसी
अक्सर खुद से पूछा करता हूं मैं
जब भी अकेला होता हूं मैं
जब भी अकेला होता हूं

❖

उसे किसी की परवाह नहीं खेल दिव्य दिखाती है

इक नन्ही कली देवलोक से चलकर आई।
पांच तत्वों में लौ जगा कैसे वह खिलखिलाई।

नन्हे नन्हे पांव हैं तेरे चेहरे पर मुस्कान है।
आभा तेरी सौ सूरज जैसी देख सभी हैरान हैं।

अंधेरा रोकने चला है उसको जिसकी अपनी शान है।
एक परी घर में मेरे प्रेम से उसके हैरान हैं?

फूलों की सुगंध है उसमें आंखें निर्मल हैं पाई।
एक नन्ही कली देवलोक से चलकर आई।

उसे किसी की परवाह नहीं खेल दिव्य दिखाती है।
अनसुलझी पहेली बन के देव लोग से आती है।

मैं उसको अपना कहता हूं उसके चेहरे पर मुस्कान है।
अपनी पहेली सुलझा ना सका में वह इस पर हैरान है।

जहां भी बचपन मुस्कुराए वहीं वो रुक जाती है।
अनोखी एक पहेली है सबकी सखी सहेली है।

❖

नोट : *आत्म का रूप।*

हमारे हौसले ने चांद बना हमें आकाश में बिठा दिया

हवा के झोंके ने क्या ठुकराया मेरी इबादत को
मैं दौड़ता तूफ़ान से इश्क़ करने लगा हूं

नदी ने किनारे की ज़मीन मुझसे छीन ली मगर
उसे क्या पता था मंझधार में मैंने घर बना लिया

आसमां बरस के हमें डूबोना चाहता था मगर
हश्र क्या हुआ होगा उंगली पे हमने पर्वत उठा लिया

कुछ बूंदों ने मिलकर हमें डूबोने की साज़िश की थी
हमने भी जमीं बन समुद्र को गोद में बैठा लिया

तुम घर में मेरे मुझे ठुकराते रहे मगर
हमारे प्यार ने शहर को अपना बना लिया

हमें छोटा समझ जुगनू बन हमसे दूर रहे तुम
हमारे हौसले ने चांद बना हमें आकाश में बिठा दिया

तेरा अहम तुझ से लिपट के हमसे नफ़रत करता रहा
तूने क्या भुलाया हमने दुनिया को अपना बना लिया

❖

ख़ुदा कौन है

समझने चले सारी दुनिया को हम
समझ न सके कि हम कौन हैं
अच्छा होता अगर ठहर लेते हम
दौड़ते रहे देखने को कि ख़ुदा कौन है!

देखते रहे उनके क़दमों को हम
पूछते रहे सबसे हम कौन हैं
ख़ुद को पहचान तो न सके हम
दूसरों को समझने चले थे कि वह कौन हैं!

बदहवासी में चले जा रहे थे हम
जिंदगी में देखे हसीन कौन है
आवाज पर किसी की रुके थे हम
ख़ुद को देखा हमसे हसीन कौन है!

हंसते रहे दूसरों पर सदा हम
हंसे अपने पे समझ गए कि हम कौन हैं
दिखा देते हैं उनको भी आईना
समझ सके वो कि वह कौन हैं!

इतने गहरे में उतर आए हैं हम
लहरों से क्या पूछते हो कि हम कौन हैं?
इश्क़ है तो डूब के देख लोगे तुम
ख़ुद भी समझ लोगे कि ख़ुदा कौन है?

रूह की गहराइयों में रुके तो समझ सके हम
जिस्म में छुपा यह ख़ुदा कौन है
अच्छा था पहले समझ जाते अपने को हम
अब क्या बताएं कि हम कौन हैं।

❖

नोट : *सहज नहीं है अपने को समझ पाना जब कि सारी शक्तियां आदमी के अंदर हैं।*

जुगनू सा चमक लेता हूं

खुद को पा सका न मैं
तुमको पाने का दावा करता हूं
तुम याद आते नहीं हो
मैं भुलाने का दावा करता हूं!

बूंदों के साथ बह लेता हूं
दरिया बहाने का दावा करता हूं
जुगनू सा चमक लेता हूं
अंधेरा मिटाने का दावा करता हूं!

तारा आसमान से टूटा हूं
कायनात बनाने का दावा करता हूं
ज़मीन पर चलना अभी सीखा हू
दुनिया चलाने का दावा करता हूं!

खुद पर हंसना आया नहीं है
सबको हंसाने का दावा करता हूं
रास्ता बन भटक रहा हूं
मंज़िल पाने का दावा करता हूं!

❖

आदमी

पूरी कायनात का मालिक है आदमी
कितनी देर बाद ख़ुद को पहचाना है आदमी
ख़ुदा कहाँ है ख़ुद ख़ुदा है यह आदमी!

जहां भी ख़ुद को भूला, वहीं रुका है आदमी
ख़ुद को समझने, मूर्ति बनाता है यह आदमी
उस पत्थर में, ख़ुदा को देख पाता है यह आदमी!

दुनिया को समझने का, दावा करता है जो आदमी
उसी को शीश निभाने, चला जाता है आदमी
मस्जिद में अजान दे, ख़ुद को बुलाता है आदमी!

ख़ुद को समझने, हवा में उड़ जाता है आदमी
शहरों की चकाचौंध में, खो जाता है यह आदमी
कभी गांव कभी जंगल, चला जाता है आदमी!

अपने को पहचानने, दुनिया से जाता है आदमी
फिर बचपन बन, ज़मी पर लौट आता है आदमी
ख़ुद को बना, ख़ुद को मिटाता है यह आदमी!

कभी हवा में, कभी पानी में चलता है आदमी
किसके कंधों पर सवार हो, चला आज आदमी
तमाशा बन चुका है दुनिया में अब यह आदमी!

चलो तमाशा ख़त्म करे, अब यह आदमी
अब सब में, ख़ुद को देख पाता है यह आदमी
अनोखे सफ़र पर, दुनिया में आया है यह आदमी!

❖

खुदा का कहर

तमाशा देखने को मन हुआ –घर को जला दिया
शिद्दत से बनाई बस्तियों को– श्मशान बना दिया!

तेरे होने पर भरोसा कौन करेगा रब
आज दिल से भी रिश्ता अपना तोड़ दिया!

क्या हुआ, आज गुनाह माफ़ करना छोड़ दिया
हज़ारों साल आदमी में पला भ्रम, तूने क्यों तोड़ दिया!

दर पर तेरे चले तो आते थे सजदा करने सारे
आज क्यों तुमने अपना अपनों से रिश्ता तोड़ दिया!

मंदिर, मस्जिद को मैंने अपने घर से बड़ा बनाया था
क्यों तूने मौत का फ़रमान सुना, मझदार में छोड़ दिया!

डर ही था, जो तेरे दर तक ले आता था
क्यों मौत का फ़रिश्ता सरेराह छोड़ दिया!

आदमी आदमी के रिश्ते को भूलता नज़र आता है
क्यों अपने घर को तूने वीरान बना कर छोड़ दिया!

❖

नोट : *वर्तमान (कोरोना काल)*

आजादी

आज नवमंडल गूंजे
आज़ादी के नारों से!
आज़ादी की क़ीमत पूछो
शहीदों के परिवारों से!
आज नवमंडल गूंजे
आजादी के नारों से!

हंसते फांसी पर झूले
पूछो चांद–सितारों से!
मां कह धरती को पूजा
मुक्त किया गद्दारों से!
आज नवमंडल गूंजे
आज़ादी के नारों से!

जीवन से भी बड़ा कोई है
बतलाया मौत को जयकारों से!
कर्ज़ चुका सकते हैं उनका
मुक्ति दिला मक्कारों से!
आज नवमंडल गूंजे
आज़ादी के नारों से

मां भारती की रक्षा कर लो
त्याग तपस्या संस्कारों से!
दुश्मन जो मां का आंचल छू ले
हाथ कटे तलवारों से!
आज नवमंडल गूंजे
आज़ादी के नारों से!

रिक्त संसार नहीं हुआ है
मां के उन दुलारों से!
आज भी स्वाभिमान ज़िंदा है
दीवारों में चुने प्यारों से!
आज नवमंडल गूंजे
आज़ादी के नारों से!

मन को तुम आज़ाद करो
प्रलोभन के अंगारों से!
विषधर बन विष पी लो
मुक्त करो गद्दारों से!
आज नवमंडल गूंजे
आज़ादी के नारों से!

अभी कश्मीर गूंज रहा था
दुश्मन के ही नारों से!
अभी अभी आज़ाद हुआ है
देश इन गद्दारों से
आज नवमंडल गूंजे
आज़ादी के नारों से!

आओ लहराएं अपना तिरंगा
हरे–भरे चिनारों में!
मुक्त करो प्रदेश की धरती
छुपे हुए गद्दारों से!
आज नवमंडल गूंजे
आज़ादी के नारों से!

❖

देवभूमि

इस भारत भूमि को देखने
देव स्वर्ग से आते हैं
इस भूमि पर जन्म लेने को
भगवान भी तरस जाते हैं!

इस भारत भूमि की खातिर
हंस–हंस फांसी पर चढ़ जाते हैं
इस भूमि की पावनता देख
सब मुनि मुस्काते हैं!

इस पर दधीचि जैसे महात्यागी
धर्म की रक्षा करने को,
भारत भूमि पर पड़ी आपदा
संहार उसका करने को,
निज शरीर का अस्तित्व मिटा
मुस्काते आहुति दे जाते हैं!

अभी तो भगतसिंह, सुखदेव ,
राजगुरु, फांसी पर झूले हैं
अभी तो अमृत पान कर
बच्चों को बलिदान कर

श्री गुरु गोविंद सिंह जी बोले हैं
चार मोए तो क्या हुआ, जीवित कई हजार!

अभी तो सूफी संतों को
मां, कहते–कहते देखा है
अभी तो बाल हक़ीक़त को
बलिदान होते देखा है!

यह भूमि मां सबकी है
यह सम्मान की रक्षा करने को,
महाभारत हो जाता है!
भगवान भी कृष्ण बन
अलौकिक आनंद लेने को
इस धरती पर आते हैं!

यहां वीरांगना जलकर
जौहर दिखला जाती हैं
कुछ तो बात है इसमें,
जो त्यागी तपस्वी गाते हैं,
यह भारत मां है यह भारत मां है
हर पल हमें समझाते हैं!
इस भारत भूमि को देखने
देव स्वर्ग से आते हैं!

❖

कभी हवा पानी– जिंदगी की रवानी

झुका नहीं करती– रुका नहीं करती!

मौसम प्रतिकूल है –विश्वास अनुकूल है
सब से प्रेम करो –रचयिता की यह आदत
रुका नहीं करती– झुका नहीं करती!

अभी यह युद्ध है –चल रहा अभीरुद्ध है
लड़ने की इच्छाशक्ति –जीत पाने तक
रुका नहीं करती– झुका नहीं करती!

हिमालय जो बना –मस्तक उठा कर खड़ा
जीत की उम्मीद –आखरी सांस तक
रुका नहीं करती– झुका नहीं करती!

बलिदान होने की आदत –अभी गई नहीं
अंतःकरण में आज़ादी –पाने की आदत
रुका नहीं करती– झुका नहीं करती!

विश्वास है मुझे –सब को सब मिलेगा
हालात से जूझने –जीत पाने की आदत
रुका नहीं करती– झुका नहीं करती

❖

ज़िंदगी का अंदाज़ बदल दे

आसमां कब तलक रूह को छेदता रहेगा
बादलों के रो पड़ने की आदत
भी गई नहीं है।

आसमानों की थकान मिटाने मैं धरती पर रुका हूं
इसके चलते रहने की आदत
भी गई नहीं है।

मस्जिद की अजान मंदिर की पूजा
सब ढकोसला नज़र आते हैं
आदमी की आदमी को डसने की आदत
भी गई नहीं है।

पहाड़ सा खड़ा था मगर रुई का बना था
मौत भी आई मगर जाते हुए आदमी के,
अकड़ने की आदत भी गई नहीं है।

मैं जानता हूं हमेशा ज़मीन पर रुक नहीं सकता हूं
ज़मीं को अपने लिए रोकने की आदत ,
भी गई नहीं है।

एक तूफ़ान मेरे गांव को बर्बाद कर चला गया
शहर यूं ही चमकता रहा, मुस्कुराने की आदत
भी गई नहीं है।

चल चलें रमेश ज़िंदगी का अंदाज़ बदल दें
रोशनी के लिए चिराग़ जलाने की आदत
भी गई नहीं है।

❖

निरंकार भी हूं, मैं आकार भी हूं!

मैं रुक नहीं सकता मैं झुक नहीं सकता
मैं आस हूं जीने की, जो ख़त्म न हो कभी!

मैं रचता भी हूं, सब कारोबार दुनिया का!
मैं ख़ुद इसमें कहीं, ख़त्म हो नहीं सकता!

मैं अंदर भी हूं, मैं बाहर भी हूं तेरे
मैं आसमां भी हूं, मैं ज़मीन भी हूं!

मेरा अस्तित्व मेरा भी है, और तेरा भी है!
समझ के चल सब, मेरा मेरा ही तो है!
मैं निरंकार भी हूं, मैं साकार भी हूं!

मैं प्राण भी हूं तेरा, निष्प्राण भी हूं!
मैं रुका भी हूं, निरंतर दौड़ता भी हूं!

मैं तुझसे अलग भी हूं, और तेरा भी हूं
मैं धरती भी हूं, और समुंदर सा गहरा भी हूं!

मैं रुक नहीं सकता, मैं झुक नहीं सकता
मैं आस हूं जीने की, जो ख़त्म न हो कभी!

❖

मानवता बहुत त्याग मांगती है

वह जीते रहे तेरे लिए
ज़ख्म खाते रहे तेरे लिए
फांसी झूलते रहे तेरे लिए
कफ़न भी कभी न मिला
तो भी मुस्कुराते रहे तेरे लिए।

ज़िंदगी में पीछे न देखा कभी
हिमालय पर साधना करते रहे तेरे लिए
उलझने जीवन की सुलझाते रहे तेरे लिए
अनेक शब्द लिख डाले तेरे लिए
तारों को समझते–समझाते रहे तेरे लिए
ज़िंदगी की ज्योति बुझने न दी
बार–बार धरती पर आते रहे तेरे लिए
बचपन खो दिया तेरे लिए
जवानी भी न देख पाए तेरे लिए
सारी खुशियां लुटाते रहे तेरे लिए
तुझे परेशान न होना पड़े
अपनी दुनिया भूल जाते रहे तेरे लिए
साधु कहा किसी ने तेरे लिए
सिद्धपुरुष कहा किसी ने तेरे लिए
हंसते–हंसाते रहे तेरे लिए।

चुनौती गले लगाते रहे तेरे लिए
फांसी चढ़ जाते रहे तेरे लिए
अब तू सब ले स्वाभिमान से जी
वह सब लुटा कर चले गए
इस अभिमान में जी
शहर रोशनी करते रहे तेरे लिए
अपनी ख़ुशियां मिटाते रहे तेरे लिए
बहुत कुछ क़ीमत दी है तेरे लिए
वह जीते रहे तेरे लिए
ज़ख़्म खाते रहे तेरे लिए
फांसी पर चढ़ जाते रहे तेरे लिए
कफ़न भी न मिला मुस्कुराते रहे तेरे लिए।

❖

नोट : *धरती का कर्ज़*

भूख नंगे पांव धूप में चलती रही

तरक्की करता रहा शहर मेरा
इंसानियत सिसक–सिसक मरती रही
गरीब नींव में चुना जाता रहा
ऊंची इमारत तब बनती रही

शहर बढ़ता रहा इस तरह से
इंसानियत की कत्ल–गाह हो कोई
कुछ तो अच्छा मिला था ख़ुदाई में
संभाल के दिल में कब तक रखते!

सब अच्छा किताबों में बंद होता रहा
पुस्तकालय में किताबें बढ़ती रहीं!
धूल इतनी जमा हो चुकी इंसानियत पर
सब इतिहास का हिस्सा बनती रहीं!

पैसा तिजोरी में बंद परेशान था
भूख नंगे पांव धूप में चलती रही
शहर की ऊंची इमारत देखने रुका था मैं
तेज़ रफ़तार मुझे रौंधती चलती रही

तरक्की बहुत कर ली हमने
इंसानियत जेब में भर ली हमने
अब कौन करता क़दर इसकी
इज़्ज़त जहां चाहा वहां लुटती रही

सड़क चौड़ी बनती गई
कारों की तादाद बढ़ती गई
अब कौन गिनता रहे विकारों को
ज़िंदगी अपनी थी मगर ग़ैरों के साथ चलती रही

तरक्की करता रहा शहर मेरा
इंसानियत सिसक–सिसक कर मरती रही

❖

मुस्कुरा सको गीत मिलकर गाते हैं

यह दौलत आबरू की
यह दौलत ईमान की
खुले बाज़ार चौराहे पर
नीलाम हो रही है!
आओ मुस्कुरा सको अगर
तो गीत मिलकर गाते हैं!

आंखों के आंसू सूख चले
अरमानों की चिता जल दी!
मेरी ज़िंदगी को मेरी दुनिया
लाश बनने से पहले नोचने चल दी
आओ मुस्कुरा सको अगर
तो गीत मिलकर गाते हैं!

ऊंची आवाज़ धीमी हो चली
चमक आंखों की जो थी
सिसकी में आज खो चली!
अब देखो मिलकर मुझे गिद्ध
नोचने को अब आ रही है!
कौन से फरिश्ते की
बात तुम करते हो

बिन कुसूर उसे
सूली पर चढ़ा रही है!
आओ मुस्कुरा सको अगर
गीत मिलकर गाते हैं!

देश धर्म के सब ठेकेदार
जो बनते थे इंसानों के पहरेदार
आज कहीं नज़र न आते हैं!
शायद शर्म उन्हें भी आ रही है
संगीत शहनाई के बंद करो
मातम के गीत मिलकर गाते हैं!
आओ मुस्कुरा सको अगर
गीत मिलकर गाते हैं!

बनवास चला गया कोई
सूली पर चढ़ा कोई!
स्वर न मिला सका,
कोई फांसी पर चढ़ा
ख़ून, ख़ून की होली खेल
आज पर मुस्कुराता है!
आओ मुस्कुरा सको अगर
तो गीत मिलकर गाते हैं!

नीलाम हो रही आबरू को
नीलाम हो रही अस्मत को
नीलाम हो रहे ईमान को
आओ मिलकर बचाते हैं।

आओ मुस्कुरा सको अगर
तो गीत मिलकर गाते हैं!

छोड़ो सब अब मिलकर
गीत प्यार के गाते हैं
आओ मुस्कुरा सको अगर
तो गीत मिलकर गाते हैं!

आंखों के आंसू सूख चले
अरमानों की चिता जल चले
ज़िंदगी मौत से मिल जाए
उससे पहले
दीवानगी से ज़िंदगी बिताते हैं!
सबको गले लगाते हैं!
आओ मुस्कुरा सको अगर
तो गीत मिलकर गाते हैं!

❖

फ़रिश्ता फिर मारा गया

यह टूटती चूड़ियां
यह सिंदूर का मिटना
यह शोर मातम का
रुक नहीं रहा है!

आंसू सूख चले
आत्मा रो पड़ी
यह गंदा खेल दरिंदगी का
रुक नहीं रहा है!

इंसानियत भी रो पड़ी
क़फ़न भी शर्मिंदा है
दरिंदों का चहचहाना
रुक नहीं रहा है!

आत्मा भी रो पड़ी है
ख़ून निर्दोष का देखकर
ख़ंजर से ख़ून बहना
रुक नहीं रहा है!

सुहागन का सिंदूर
कब लहू में बदल गया
बच्चों का अनाथ होना
रुक नहीं रहा है!

कोई तो ख़त्म करे
वहशत और दहशत को
धरती पर ख़ून बहना
रुक नहीं रहा है!

सांसों का अचानक रुकना
प्यार का दम तोड़ देना
हमसफर भी कहीं छोड़ देना
रुक नहीं रहा है!

धरती का यह स्वर्ग
नरक से बदतर हो चला
हवाओं में लहू उड़ेलना
रुक नहीं रहा है!

समय से आगे चले
फ़रिश्ता भी मारा गया
मेरा मुझसे छीन जाना
रुक नहीं रहा है!

गिद्ध शरीर और आत्मा
को नोच के खा रही है
कौन सी हूर मिलेगी
यह ख़्वाब रुक नहीं रहा है!

दुश्मन रो पड़े ऐसा कर
अपनों का रो पड़ना
मौत पर गिद्ध चहचहाना
रुक नहीं रहा है

❖

नोट : *मेरा कश्मीर*

हैसियत

सूरज की रोशनी से कायनात जगमगाती होगी
ख़ुदा परस्त हूं ख़ुद अपना रास्ता रोशन कर चलता हूँ मैं!

मुझे शमे–आलम से कुछ भी नहीं लेना है
छोटा ही सही जुगनू बन अपनी हैसियत में जलता हूं मैं!

तुमने दुनिया को देखा है मंज़िल बदल–बदल कर
कैसे मिलोगे ऐ दोस्त अपने रास्ते चलता हूं मैं!

तुम आसमानों में उड़ कर उसे पाना चाहते हो
ज़मीन पर ख़ुदा को साथ लिए चलता हूं मैं!

तेरे बड़े होने की बात तो सब सुनाते हैं मुझे
तेरे साथ भीड़ भी चलती है यह पता है मुझे

तेरा छोटा होना शायद दुनिया को न दिखा पाए
भीड़ में अकेले होने का एहसास भी रुलाता है तुझे!

मुझे अपने साथ सफ़र करना है, तो ही सुकून मिलेगा
मुझे तेरी रोशनी के लिए रुकना भी नहीं है!

मुट्ठी जितनी छोटी बनाकर रखूंगा दोस्त
उतना ही सुकून बढ़ता और पलता रहेगा!

सारी कायनात को कहां ले चले हो तुम
उस ख़ुदा की तलाश में दौड़ते रहोगे ज़िंदगी भर!

जिंदगी में ख़ुदा रास्ते में मिलता नहीं है
ख़ुद को तो देख लो ख़ुदा नज़र आएगा!

❖

सुकून न दे तो सब किस काम का

खुद को पहचानने में सदी गुज़र गई
जो न समझ सका तो चल दिया पल में!
यह महलों की दौलत जहाँ का आराम
जो न दे सका सुकून तो किस काम का!

खुदा का फ़रमान लेकर आए थे ज़माने में
खुद को जो भुला दिया सब किस काम का!
शहर दौड़ते रहे किसी की तलाश में
मक़सद भी न समझ सके तो चलना किस काम का!

तेज लहरों ने रास्ता बदलना चाहा था
फिर समुद्र में जा मिली तो तड़पना किस काम का!
हवाओं ने भी अपना रुख़ बदलना चाहा था
मगर जो सांस न बन सकी तो चलना किस काम का!

सब हमसे हमारे घर का पता पूछते रहे
जो न पहुंच सके तो पूछना किस काम का!
हवाओं में उड़ते ज़मीन पर गिर जाते थे
जो पंख संभाल न सके तो उड़ना किस काम का!

मंदिर मस्जिद में जा सब देख लिया
जो सुकून पल भर न दे सके तो सब किस काम का!
खुद को मिल सकते रमेश तो खुदा नज़र आता
अपने से जो दूर हुए तो खुदा किस काम का!

आज मैं जीना चाहता हूं अपने में

ज़माना दुश्मन हो चला
किसको दोस्त मानें अपना
दुश्मनी की भी इंतहा है क्योंकि
आदमी अभी भी इंसान नहीं हुआ!

दुश्मन तो दुश्मनी निभाते रहे
अपने भी उनसे हाथ मिलाते रहे!
यही तो पहचान बनी अपनी
दोस्त अच्छे निकले, दुश्मनी निभाते रहे!

यूं तो डर था गिर न जाएं कहीं
यही ज़मीन से हमें जोड़कर चलाता रहा!
दोस्त तो बस आते-जाते रहे
एक 'मैं' था जो साथ निभाता रहा!

आईना देख ख़ुद पे भी मुस्कुरा देता हूं
हमसफ़र तो आईना बनाता रहा!
रोशनी का दीया हमने बुझने न दिया
यह हमारा नहीं आंधियों का कमाल था!

कुछ तो ठीक करते रहे रमेश ज़माने में
इसलिए दुश्मनों की तादाद बढ़ती ही गई!
हौसला ही था जो सबको आजमाता गया
वही था जो हर तूफ़ान से टकराता ही गया!

आज मैं जीना चाहता हूं अपने में
लहरों को कह दो तेज़ चलें!
ख़ुद को आज़माने चले हैं हम
साथ अपना निभाने चले हैं हम!

❖

गंगा किनारे चलो दीप जलाते हैं

गंगा किनारे हज़ारों दीये क्यों जला देते हैं
फिर आशाओं को समेटे मन में उसी में बहा देते हैं!

फिर देखा करते हैं जीवन की कश्ती बन, कहां तक जाएगा
दूर तक जो चला उसे देख ख़ुशी पा लेते हैं
गंगा किनारे हजारों दीए क्यों जला देते हैं!

कब तक जलें यह दीये बहते हुए पानी में
देखते रहते हैं उसे उम्मीदों का संसार बना लेते हैं!
जब भी मेरे नन्हे मन को कोई उदास कर जाता है
जीवन को देखा करता हूं जगमगाते दीयों में!

कौन देखे बुझ कर कहां और क्यों चला जाता है
कौन सा दीया जलने और चलने से पहले बुझ जाता है!

लहरों में अपना ही जलता हुआ दीया देखा करता हूं
बुझ गया तो फिर दीप जलाता हूं क़िस्मत फिर आज़माता हूं

गंगा की लहरों में अंतःकरण समेटे ख़ुद को बहाता हूं!
कभी दूर तक जो जल लेता हूं अपने पर मुस्कुराता हूं
जीवन की आंख मिचौली में मैं जीवन बिताता हूं!

हर रोज शाम होने पर मैं अपने को गंगा घाट पर पाता हूं
रोज फिर एक दीया मैं जलाता हूं गंगा में बहाता हूं!
कभी अपने को जलता देख दूसरों को बुझने पर मुस्कुराता हूं
लो मेरा दिया बुझ गया कुछ पल के लिए निराश हो जाता हू!

फिर पूछा करता हूं खुद से क्यों मैं दीप जलाता हूं!
आओ चलें आज इस रहस्य का पता लगा लेते हैं
सब की जलने की खुशी मना लेते हैं!
आज फिर नया दीप जला लेते हैं
आज मिलकर दीपावली मना लेते हैं!

गंगा किनारे हजारों दीये क्यों जला देते हैं
फिर आशाओं को समेटे मन में उसी में बहा देते हैं।

❖

अंतिम मंज़िल

मेरी सांस भी मेरा बदन छोड़
आसमान की ओर ऊपर उड़ रही है।
मानो मुझे मेरी अंतिम मंज़िल दिखा रही हो।

ज़मीन पर चिपक के क्यों बैठा हूं
अकेले सफ़र मुझे आसमानों में करना है।
कौन सा बंधन मुझे ज़मीन से बांध देता है
सदियों तक हवा ही मुझे सहलाती रही।

ज़िंदगी को हक़ीक़त बता मुझे, मुझसे दूर करते हो तुम।
एक फ़रेब है धोखा है, जो आंखों को नहीं
आत्मा तक को उलझा देता है।

ज़मीन के सफ़र पर एक मुसाफ़िर हूं मैं।
जो आसमानों की थकान मिटाने रुक गया हूं।

कभी–कभी सोचा करता हूं यह सब मेरा है।
यह घर मेरा है यह ज़मीन मेरी है।

रास्ते में जब से तुम्हें कंधों पर देखा है।
न घर याद आता है न दुनिया मेरी दिखती है।

मैं क़दमों पर चल भी नहीं सकता।
आख़िरी सफ़र में भी, हवा बन उड़ जाता हूँ।

मुझे तेरी कोई भी कशिश रोक न सकी।
न अपने ही साथ हुए, न तू साथ चली।
अब अपने लिए जीने को मन करता है।
धोखे में कितने दिन और जी लूंगा!

आत्मा का सफ़र आत्मा से शुरू आत्मा पर ख़त्म होता है।
आसमानों पर उड़ने वालों को किसने बांध रखा है!
आसमानों पर उड़ने वालों को किसने बांध रखा है!

❖

चुनाव

आज बाज़ार गर्म है
आज मिज़ाज नरम है
एक हाथ में रोटी है
एक हाथ में सोटी है।

चुनाव जो सर पर खड़ा है!

नारों पर नारा गूंजा है
चौराहों पर शोर है
सबसे बड़ा दौर है
सब की आज सुनते हैं
मिलकर भविष्य चुनते हैं।

आश्वासनों का शासन है
भूखे पेट में राशन है
सब ओर नया दौर है
नेताओं का शोर है।

शहर में आज शांति है
शमशान में अशांति है
शैतान ने कमर कसी है
जनता ढूंढो कहां बसी है।

उनको तो आज़माया है
चेहरा रूप बदला आया है
चिराग़ बुझा देता है जो
सूरज बनकर आया है।

मेरे दुश्मन का दुश्मन है
क्या विश्वास दिलाया है
भूल गया वह अंधा है
आज रोशनी लाया है।

क्योंकि आज बाज़ार गर्म
है आज मिज़ाज़ नरम है
एक हाथ में रोटी है
एक हाथ में सोटी है।

चुनाव सर पर खड़ा है

❖

आत्मविश्वास

ज़मीन पर चांद क्यों नहीं हो सकता
इरादा तो करके देखो आज!
मौत भी वापस लौट जाएगी
ज़रा वादा तो करके देखो आज।

आसमां भी ज़मीन पर झुक रहा है
जरा हौसला बढ़ाकर तो देखो आज!
सदियों की गुलामी नज़र न आएगी
आज़ादी से नारा लगा के देखो आज।

फ़रिश्ते भी मिलने को तरसते होंगे
ज़रा इरादा तो कर के पुकारो आज!
कोई तुमसे बड़ा नहीं हो सकता
छोटा होने की ज़िद छोड़ कर तो देखो आज!

तुम्हारे घर रोशनी चिराग़ नहीं, सूरज करेगा
अंधेरे को तो भगा कर देखो आज।!
तुम कहते हो चिराग़ रोशनी न कर पाएगा
ज़रा दिल का लहू, जला के तो देखो आज।

घर नहीं शहर में भी अंधेरा नजर न आएगा
ज़रा उम्मीद को तो जगा के देखो आज!
हर शख्स का चेहरा खिल जाएगा
किसी गरीब को गले लगा के दो देखो आज।

❖

मेरे रहनुमा

क्या तमाशा किया रहनुमाओं ने देश की एकता के साथ
इसे तोड़ा भी और सलामती की दुआ भी करते रहे।

हम हवाओं के रुख़ के मोहताज नहीं
यह तो तूफ़ान ही हैं जो हमसे रास्ता पूछ के चलते हैं।

पंख लगा तो, परिंदे भी आसमान में उड़ने लगते हैं।
आज़माना तो यह है कि इंसान, कितने हौसले से ऊंचाई छूता है।

दुश्मन ने अपना रूप दिखाना ही था
क़त्ल करना ही था लहू बहाना ही था।

दुश्मनों ने दोस्ती ऐसे निभानी ही थी
गिला तो तब हुआ जब दोस्त भी दुश्मनी निभाने लगे।

❖

तू ही तू है बस तू ही तू है!

मैं हंस के जीवन जीता हूं
जहर जीवन में पीता हूं!
मुझे लेश मात्र भी ग़म नहीं
क्या है खोया क्या है पाया!

लेकिन मैं तड़प उठता हूं
तेरी असहाय पीड़ा देख!
तेरे घर का चिराग़ बुझा देख
मैं अंधेरे से घबरा उठता हूं!

तेरे घर जलते चिराग देख
मैं भंवरा बन जाता हूं!
खुशी से लो में झूम लेता हूं फिर
माटी में मिल, जीवन पाता हूं

मैं तुझसे सब पाता हूं
तेरे आंचल की छाया में!
तेरी हंसती काया में
अस्तित्व विहीन हो जाता हूं!

तेरी आकाश में गर्जना देख
मैं दुबक के छुप जाता हूं!
आकाश में जब तू शांत दिखे
दूर परवाज़ पर उड़ जाता हूं!

मेरा अस्तित्व भी तुझसे है
मैं तुझ से ऊर्जा पाता हूं!
तू जो आंख फेरे पल भर
काल द्वारा निगला जाता हूं!

फिर भी मैं अहम् करता
अपनी पहचान बनाता हूं!
अपनी पहचान क्या बताऊं
बस तू ही तू है तू ही तू है!

❖

एक पल जिंदगी का

एक पल का अंधेरा तूफान ले आता है
एक पल का अंधेरा रात को सुला देता है!
एक नींद सुबह को टूट जाती है
एक नींद मौत की रब से मिलाती है!
एक पल में फूल टहनी से गिरा मसल दिया जाता है!
एक फूल जमीन में मिल नया जीवन बनाता है
एक लकड़ी अपने को गोद में सुला देती है
एक लकड़ी श्मशान में, जला के राख बना देती है!
एक पल प्यार का, हजारों साल की थकन मिटा देता है
एक पल प्यार का, चंद लम्हों का सहारा देता है!

एक पल अजनबी को अपना बना देता है
एक पल खुद को खुद से दूर कर देता है!
एक पल जिंदगी में जिंदा रहने का अहसास देता है
एक पल खुली आंख से, मौत का विश्वास देता है
एक पल सारी शक्ति दिखा देता है
एक पल कमजोर बना रुला देता है!
एक पल ख़ुशियों की ओर ले जाता है
एक पल गमों को बरसा देता है

एक पल बड़ा कीमती है दोस्तों
मुझे मेरा अक्स दिखा
मुझ से मिला देता है! ❖

कौन किसके पास आना चाहता है

कौन किस के पास आना चाहता है
कौन किस से दूर जाना चाहता है
यह रिश्ता है अपना अपने से ही
कोई निभाता है कोई भूल जाना चाहता है!

एक खेल आत्मा का है तन में छुप के
हर पल मुझसे खेला जाता है!
हर चीज मुझसे निकल के मुझमें समा जाती है
हर पल अंधेरा भी है, रोशनी भी नज़र आती है!

दूसरों का घर देख रश्क क्यों करें
अपने में संसार नज़र आता है!
कृष्ण बन मुख में ब्राह्मांड दिखा दिया
अब कौन मूर्ख निराशा के पास जाना चाहता है!

जो अपने को न समझ सका परेशान है वो
हमें तो अपने घर में भगवान नज़र आता है!
यह घुटन कैसी, यह टूटन कैसी
आत्मा मैं हूं फिर किसे तलाश करें
बस माया है उलझन है मन उलझना चाहता है!

कौन किसके पास आना चाहता है
कौन किस से दूर जाना चाहता है
यह रिश्ता है अपना अपने से ही
कोई समझ के निभाता है, कोई भूल जाना चाहता है!

❖

आत्मा से मिलन

समुंदर की उठती तरंगों में
अपने जीवन की उमंगों में
जीवन का एहसास पाने में
लगे हैं जीवन बिताने में!

लेकिन
बहुत गहरे और गहरे पानी में
शांत मन, अशांत जीवन में
अपने अस्तित्व की पहचान में

देखो कौन
शरीर के अंदर बंधा हुआ है
तरंगों की चंचलता में खोया है
फिर भी अपने से बहुत दूर हैं
सत्य मुझे पाना है
जो गहरे समुद्र की शांत
तरंगों में कहीं छुपा हुआ है!

रोक पाने में असमर्थ है
फिर भी प्रयास में लगे हैं हम
प्रयत्न और तेज़ करें तेज़ गति से

अंत तो सत्य है, सत्य ही जीवन है
असत्य मिथ्या रोक नहीं सकते
दिव्य आत्मा के मिलन को!
लेकिन जाने क्यों अनचाहा डर
हमें रुकने पर मजबूर करता है
और पल की खुशी ढूंढता रहता है
अनजान चेहरा, अनजान आदमी।

❖

यह वक्त ही था जो न रुका न झुका

न घुंघरू की झंकार रोक सकी
न तूफानों में छुपी प्रलय की पुकार!
आसमान ने झुक के रोकना चाहा था
यह वक्त ही था जो न रुका न ही झुका!

मेरी गली, मेरा गांव और मेरा शहर
कुछ न कुछ देते रहे मुझे जिंदगी में!
समुद्र की लहरों को कैसे रोक लेते
हथेली छोटी थी समुंदर की बूंद भी फिसल गई!

समझ रहा था मैं ख़ुद को दुनिया का सिकंदर
अभी बचपन चला ही था कि ज़िंदगी ठहर गई!
फुर्सत में जब हुआ औरों को पढ़ता रहा
अपना पता तब चला जब कहानी ख़त्म होने लगी!

सुकून न मंदिर दे सका न मस्जिद में मिला
यह नज़र ही थी जिसने खिलौने में भी देख लिया!
ख़ुदा न मिला धूप, दीप, मेवा सब चढ़ा लिया
आज दर्पण के सामने ख़ुद को देखा तो ख़ुदा नजर आया!

जो दिखता है उसे पूछते नहीं है हम, चाहे नेक हो इंसान
जिसको देखा नहीं उसी को भगवान बना बैठे!
जो मिला नहीं उसका घर बना कर सजदे करते रहे
असहाय पड़े इंसान से नज़र चुरा रास्ता बदलते रहे!

दूसरों की किस्मत लिखने चले हैं अपनी क़लम से
अपना पता नहीं कश्ती किनारे लगे न लगे!
सफ़र पर निकले हैं सब इकट्ठा कर लेते हैं
सफ़र के अंत में, ख़ुद को भी साथ लेकर न चल सकें!

शहर सो रहा है आदमी शोर न करें
शैतान को अपने अंदर जागते देर नहीं लगती!
हमें अकेले होने का ग़म सताता रहा है
हम भूल गए कौन साथ आया था और कौन साथ चले!

मां तेरी ममता भी, धुंधली यादों में बदल गई
उम्र की लकीरें, अपनी यादों को भी मिटाने चली हैं!
हाथ खाली देख आने पर, दुनिया में रोया था
जाते हुए मुझे देख दुनिया रोएगी, खाली हाथ क्यों चला!

मैं बादल नहीं हूं जो हवा संग उड़ जाऊँगा
एक पर्वत हूं जिससे टकरा कर हवा बादल बरसा देगी!
दुनिया के अंधेरों को मिटा सके ऐसा लगता नहीं रमेश
दुनिया में अंधेरों के साथ जीने की आदत भी कहां रही!

❖

मैं रोक न सका

मैं रोक न सका
अंदर के अपमान को!
दिल में उठने वाले तूफान को
दुनिया से जा रहे इंसान को!

मैं रोक ना सका
बादल से भरे आसमान को!
आंधी और तूफान को
गुरबत में छुपे अपमान को!

मैं रोक न सका
टूटी उम्मीदों, चलते इंसान को!
खाई में गिरते स्वाभिमान को
तेरी मौत के फरमान को!

मैं रोक न सका
बचपन के एक पल को!
तेरे आज और कल को
तेरे घर से उठते मेहमान को!

मैं रोक ना सका
मन में उठे सवाल को!
आने वाले भूचाल को
चलते हुए काल को!

मैं रोक न सका
तेरे अंदर के शैतान को!
तेरे अंदर के अहंकार को
तेरे उजड़ते संसार को!

चलो–चलो मैं रोक तो सका
न ख़त्म होने वाली आस को!
अंदर के विश्वास को
दर्द के अहसास को!

मैं रोक तो सका
दुनिया के प्रेम को!
जिंदगी की आस को
जीतने वाले विश्वास को!

मैं रोक तो सका
मां की ममता को!
तेरे ही प्यार को
लंबे इंतज़ार को!

मैं रोक तो सका
तेरे साथ चलने की आस को
अपने में ही ख़ुदा को
पाने के विश्वास को!

मैं रोक न सका अंदर के अपमान को
दिल में उठने वाले तूफान को
दुनिया से जा रहे इंसान को!

❖

चित्तौड़ का जौहर

धधक–धधक–धधक के ज्वाला जल उठी
देख–देख–देख भूमंडल हिल उठा!

आन बान पद्मनी की देख, जग बोल पड़ा
सोलह हज़ार देवियों ने चित्तौड़ में क्या जौहर किया!

उठती रही लपटें आकाश झुकता ही गया
ऐसे चित्तौड़ में आज मौत का आलिंगन किया!

साहस की परिधि लांघ कर, सबको शर्मिंदा किया
अद्भुत जौहर दिखाकर इतिहास को ज़िंदा किया!

आज भी बात जब चल पड़ी, सब वीर कह उठे
सूरज भी आहत हो चला, उसको भी शर्मिंदा किया!

चलता दरिया रुक गया, समुंदर गुमसुम है खड़ा
खेल वीरांगनाओं के देख, अंबर तक है रो पड़ा!

चल रही थी आंधियां वेग से, मगर वो रुक गई
शीश निवाने ज्वाला के सामने, वह इस कदर झुक गई!

एक बार सब देख, देव भी असहाय हो चले
वक्त ने भी रुक के प्रणाम था किया! धधक–धधक–धधक

❖

दौर शांति का आना ही था

एक दौर था बदल गया
एक दौर है जो चल रहा
जो चला गया मलाल क्यों करूं
वर्तमान मेरे साथ है पल रहा!

दौर राम रावण का बदला
हुंकार भरे हिटलर का बदला
दौर हमेशा कब चला है
दौर सारे संसार का बदला

दौर मेरा है कहने वाले
भविष्य में रहने वाले
शून्य में तू खो जाएगा
खुली आंख से सो जाएगा।

दौर विश्वयुद्ध का बदला
दौर शांति का आना ही था
दौर एक सा कब हुआ है
प्रेम ही है जो हर दौर चला

दौर मेरा नहीं रह सकता
दौर तेरा कैसे हो सकता है
बदल सको तो बदलो ख़ुद को
दौर दुनिया का हमेशा बदला

❖

आज़ादी यूं ही नहीं आई–
आज़ादी यूं ही नहीं आई

भगत सिंह, सुखदेव, राजगुरु को फांसी पर चढ़ाकर
सुभाष, खुदीराम, चंद्रशेखर के ख़ून से तिलक लगाकर
रक्त के दरिया में वीरों के रक्त से नहा कर
जनता की इच्छा शक्ति को सम्मान देने को
आज़ादी अनेक वर्षों में पैदल है चल कर आई
आज़ादी यूं ही नहीं आई– आज़ादी यूं ही नहीं आई!

आज़ादी मिलने पर नर मुंडो की माला बनाकर
अनेक बहादुरों को वीरगति से सजा कर
पंजाब के दरियाओं में बहुत सा रक्त बहाकर
लाशों पर से कदम–कदम बढ़ा कर
देश के आंगन लाल किले पर तिरंगा फहराने आई?
आज़ादी यू ही नहीं आई– आज़ादी यूं ही नहीं आई!

जलियावाले बाग में शवों का अंबार लगाकर
अनगिनत के अरमानों को दीवारों में चुनवा कर
झांसी सी वीरांगनाओं और अनेकों के शीश गिराकर
बेटों के लहू से अनेक बार नहा कर
सम्मान तुम्हें देने को– मानवता फिर बचाने को

बहुत दूर से है चलकर आई
आज़ादी यूं ही नहीं आई– आज़ादी यूं ही नहीं आई!

कहीं सुहागिनों के सिंदूर मिटा कर
हंसते हंसते नौजवानों को फांसी पर चढ़ा कर
उधम सिंह जैसे वीरों का बलिदान करा कर
मदनलाल ढींगरा जैसे लाल गंवा कर
ज़िंदा क़ौम की सांसो में पलकर है आई
आज आज़ादी यूं ही नहीं आई– आज़ादी यूं ही नहीं आई!

❖

जीवन का संघर्ष

संघर्षों में मैंने जीवन जीया है
कभी अमृत कभी ज़हर भी पीया है!
साथ न था कोई तब भी दौड़ा करता था
नन्हे क़दमों के पक्के निशान
रेत में भी छोड़ा करता था

रमेश क्यों मैं सोचा करता हूं
क्या है खोया क्या है पाया!
किस किस ने साथ छोड़ा
किस किसने साथ निभाया!

खेल खेल में अपने ही पास था
फुर्सत कहां थी सोचा करता
कौन ख़ुश और कौन उदास था!
हर छोटी ख़ुशी प्यारी थी मुझको
खिलौने से भी हंस देता था!

जब से दुनिया ने जीना सिखाया
हर पल मैं सोचा करता हूं!
जीवन के किस मोड़ पर
ख़ुद को मैं छोड़ के आया!
ख़ुद को मैं कहां छोड़ के आया!

न कुछ खोने की इच्छा थी
न कुछ पाने की परवाह थी!
सबसे आगे दौड़ सकता था
सब को साथ ले चलने की चाह थी!

आज बहुत मैंने है पाया
फिर भी मैं सोचा करता हूं!
जीवन है व्यर्थ गंवाया
खुद को कहां मैं छोड़ के आया!
खुद को कहां मैं छोड़ के आया!

आज मुझे पता चला है
बड़ा बन सकता था मैं
और भी तन के चल सकता था मैं!
क्यों मैं खुद को छोड़ के आया
कहां मैं खुद को छोड़कर आया
क्यों मैं खुद को छोडकर आया!

❖

तेरी रहमत

इंसान बंद पड़ा है घर में
ईमान बंद पड़ा 'तिजोरी में!
रिश्तो को गली कूचे में ढूंढते थे हम
ख़ुदा बसता है जिस बंदे में
आज बहुत परेशान नज़र आता है!

रहमत भी तेरी रहमो कर्म में
सांसें भी चल रही तेरी रहमत से!
ख़ुद का वजूद तलाशते थे हम
तेरे घर बंद कमरे में पड़ा
गिरवी कुछ सामान नज़र आता है!

हालात है कुछ इस क़दर परेशानी में
ज़िंदगी रुकी पड़ी है रवानी में!
ज़िंदगी ज़मीन पर लाने वाले से पूछा,
वह बोल पड़ा दुनिया से वह भी
कुछ हैरान कुछ परेशान नज़र आता है!

कितना ख़ौफ पड़ा है तेरे शहर में
तू भी शांत खड़ा है सहर में!
दिन भर ज़िंदगी को कैसे काटेंगे हम
हर शख़्स ख़ामोश खड़ा है यूं
आने वाला एक तूफ़ान नज़र आता है!

क्या देखते हो ज़िंदगी की दोपहर में
ज़हर घोल दिया हर शै पड़ी जो शहर में!
सब कुछ छोड़ चले आए हैं हम
तेरी रज़ा में आज मुझे फिर
मौत का फ़रमान नज़र आता है!

❖

नोट : *कोरोना दुनिया में*

सत्ता मद में झूम रहे किसे मेरी होश है

आसमां भी देखो अब इस क़दर रो पड़ा
सब ताकत पा चुके क्यों खड़े ख़ामोश हैं!

मैंने अपना लहू बहा आज़ादी तुम्हें दिलाई थी
सत्ता मद में झूम रहे किसे मेरी होश है!

मुद्दे ले लड़े हम, ख़ुद मुर्दा बन बैठे
अब तुम बोलते हो मुद्दे सब ख़ामोश हैं!

फांसी पर हम झूले पर नारे नहीं भूले
नारों को तुम याद करो इतनी कहां होश है!

गोली सीने पर खाई, जी सकते थे हम
इंसानियत आज मर रही, सब खड़े ख़ामोश हैं!

आज़ादी तुम्हें दिलाने को, सूली पर चढ़े थे हम
आज ईमान बिक रहा, किसको किसकी होश है!

बचपन चिनवाया दीवारों में, तुम्हें जवानी दिखाने को
दीवारें आज बोल रही, आदमी खड़ा ख़ामोश है!

दधीचि बन आया, शरीर वज्र अपना बनाया
अहंकार में झूम रहे, मेरी कहां होश है!

मौत गले मैंने लगाई, आज़ादी तुम्हें दिलाने को
लाश मेरी बोल रही, ज़िंदा सब ख़ामोश हैं!

महल बने शहर बसा, झोंपड़ी मैंने तोड़ दी
मैंने सब कुछ तुम पर, लुटाया तुम्हें कहां होश है!

महाभारत में लहू बहा, मानवता को बचा डाला
आदमी अब नाच रहा, इंसान तो ख़ामोश है!

ऊंचे महल बनाए तुमने, गुरबत मरती देख रहे
ग़रीब तुम्हारी नीव बना, इसकी किसको होश है!

युद्ध आज चल रहा, मानव तुम्हें समझाने को
अंचल मां का पूछे आज, क्यों खड़ा ख़ामोश है!

शब्द तूने बदल दिए, दुनिया में दिखलाने को
ख़ुद से कब तक बचोगे, कुदरत को होश है।

❖

शब्द मेरे मेरी परछाई है

वक्त आज बदल गया है
तेज़ गति से चल गया है
अब ख़ुद को पहचान रहा हूं
छलने वाला पल गया है।

अभी आत्मा की टनकार सुनी है
हृदय पायल की झंकार सुनी है
शब्द का चयन नहीं करना मुझको
निःशब्द का रस भर गया है।

मैंने अपनों को पहचान लिया है
कहां छुपा था जान लिया है
तुम भी अपना प्यार बहा दो
समझने वाला सब जान गया है।

क्यों हम इतना दौड़ा करते हैं
सबको पीछे छोड़ा करते हैं
अपनी ओर एक क़दम बढ़ा दो
अंधेरा देखो कहां गया है।

शब्द मेरे मेरी परछाई है
रोशनी में ही दिख पाई है
एक दीपक तुम जला सकते हो
सोचने ही से अंधेरा कहां गया है।

❖

शहादत

जलती चिताएं चित्तौड़ की
कहती आज कहानी है!
जलियांवाले बाग की याद
नहीं हुई पुरानी है!

दिल्ली की गलियों पर सर कटते देखे हैं
चार मोए तो क्या हुआ जीवित कई हज़ार
यह देव पुरुष के मुख से निकली
त्याग की अद्भुत वाणी है!

भगत सिंह, सुखदेव, राजगुरु को कौन अब तक भूला है!
मस्तों का टोला, अभी–अभी फांसी पर झूला है!

मां की ज़ंजीरे कटी, आजादी के नारे हैं!
ख़ून से लथपथ बोल पड़ी, यह लाल किसने मारे हैं!

अभी तो दुर्योधन मरा नहीं ख़ूनी खेल जारी है!
महाभारत चल रहा है देखिए अब किसकी बारी है!

अभी तो बंदे ने बंद बंद कटवाए हैं!
कुछ सुहागनो ने सिंदूर अभी तो मिटाए हैं

अभी तो सैनिक शहीद हुआ है
विधवा का सिंदूर पूछ रहा है
कोई बताए इनको किसने मारा है!

अभी कुछ कायर मानवाधिकार समझाते हैं
कुछ देशद्रोही भारत तेरे टुकड़े होंगे
अभी भी खुलकर नारा लगाते हैं
आओ महाभारत पूरा करें
शांति ढूंढ के लाते हैं!
शांति – ज़िंदा रह सके,
ऐसा महाभारत रचाते हैं।

जलती चिताएं चित्तौड़ की
कहती आज कहानी है!
जलियांवाले बाग की याद
नहीं हुई पुरानी है!

❖

राजनीतिक पटल

तेरा शहर वीरान दिखता है
जबसे इंसानियत का क़त्ल हुआ है
कुछ हादसों ने तजुर्बात को जन्म दिया है
उसी से देख सका हूं
तेरी रहमत क़त्लगाह का सामान है!

इंसान इंसानियत से दूर हो चला
चंद अल्फाज़ जो तूने बोल दिए
चल रोक ले इस अंधे कारवां को
वरना तेरी दुनिया से भरोसा उठ जाएगा!

काश आंसू ज़मीन पर गिरने से पहले सूखा न होता
नहीं तो ज़मी का सीना चीर कर निकल जाता
यह आंसू आख़िर किसी ग़रीब का था!

मुझ से, अपनी ताकत पा लेते हो तुम
पल भी नहीं गुज़रता,
सब कुछ भुला लेते हो तुम!
कितना रहम और जनता तुम पर खाएगी
ठान लिया तो हादसों में तुम्हारी ज़िंदगी गुज़र जाएगी!

याद रहे आदमी को इंसान बनते देर नहीं लगती
वक्त को बदलते देर नहीं लगती
सांसो को रुकते देर नहीं लगती
कौन अपनी क़िस्मत को जान पाएगा
जब तक समझेगा वक्त गुज़र जाएगा!

❖

राजनीतिक बवंडर

काफ़ी शोर होने लगा है राजनीतिक गलियारों में
किसी को मुक़द्दस कहकर मुक़ाम देंगे
और कोई सुपुर्द ए खाक़ होगा!

कौन जाने मुकद्दस तख्त पर बैठा होगा
या खाक़ में मिलकर रुसवा होगा,
यह वक्त ही बताएगा!

बेबस की आंखों में चमक होगी
या फिर आंसू बन आंख से टपक जाएगा!
काफ़ी शोर होने लगा है राजनीतिक गलियारों में

इंसान को हैवान बनते देर नहीं लगती
हैवान को सालों ने इंसान बनाया है!
मजबूर के पास शब्दकोश नहीं होता
आंखों से टपका आंसू ही हक़ीक़त बयां करता है!

ले चलो एक दीया उनके आंगन तक
कौन जाने सूरज कब तक तलक आएगा

इंसान इंसान पर जुल्म नहीं करता
लोग यूं ही फ़रिश्ते को बदनाम करते हैं!
यह तो जीने का अंदाज़ है राजनीति में
जो लोग ज़मींदोज़ हुए उनकी क़िस्मत थी!

कुछ नारों ने अभिमान बढ़ा दिया
कौन रब अब तेरे घर तक आएगा!
कुछ मिलने की आस जगा दे तू
नहीं तो इंसान तुम्हें भी भूल जाएगा!

टपका तो है आंसू ख़ून की माफ़िक़
ज़मीन पर गिरने का निशाना न था!
ग़रीब का आंसू बीच में रोक लिया होगा
नहीं तो धरती का सीना चीर के निकल जाता!

अब मर्यादा पर रोक लगा दी है
सब रावण बनकर बैठे हैं
आंखों से देखते वही
जो राजनीति दिखाना चाहती है
ख़ुदा तू भी ख़ुद का रास्ता बदल ले
यहां तेरे लिए अभी कोई जगह खाली नहीं है

इंसानियत का तक़ाज़ा यही कहता है
फरिश्ता कहां रुक पाएगा!

❖

वक्त बदला तो लौट के न आएगा

शहर ख़ामोश सूनी हैं सड़कें
चाह कर भी उन पर न चल पाएगा
घर के बाहर निकल के तो देख
मौत का फ़रिश्ता वहां मिल जाएगा

वीरानों में कौन किसका साथ निभाएगा
आदमी से आदमी इतना डर जाएगा
अपनी ताकत पर न इतना इतरा
परमाणु भी तेरे काम न आएगा

मंदिर, मस्जिद गिरजा सब बंद कर
ख़ुद को देख ख़ुदा दिख पाएगा
कभी तो अपनों से मिला करो
वक्त बदला तो लौट के न आएगा

सूना शहर सूना गली कूचा तेरा
अहंकार तेरा बिखरा तुम्हें दिख पाएगा
आदमी ने आदमी की क़दर छोड़ दी
सहमा सहमा सा तू भी नज़र आएगा!

मेरी दुनिया को इतना रुला दिया
और इसे तू और रूला न पाएगा
तू भी अब बुराई से तौबा कर ले
वक्त बदला है बदल के संभल जाएगा

❖

इरादा जो अपनों ने क़त्ल का किया

ख़ून वही खंजर भी वही
अपनी बर्बादी का मंजर वही
अब ख़ुद को बचा के क्या करें
इरादा जो अपनों ने क़त्ल का किया!

वहशत और दहशत कभी
उनको भी रास न आएगी
यह बात अलग है मगर
समझते ज़िंदगी गुज़र जाएगी!

एक शख्स उनके अंदर भी है मेरे भी
वह उसे रुला चुके मुझे रुलाना चाहते हैं!
बड़ी मुश्किल से ज़िंदगी हाथ आई थी मगर
वह इसे रुला, मौत को आज़माना चाहते हैं!

हवाओं में महल कभी रुका नहीं करते
यह तो तजुर्बा ही था जिसने चलना सिखा दिया!
जज़्बात आसमानों पर उड़ जाना चाहते हैं
जीवन अभी रुका ही था मौत ने चलना सिखा दिया!

हमने तुम्हें बहुत पुकारा मगर तुम न मिले
हम रुके ही थे ख़ुदा साथ हो चल दिया!
ख़ुद को किस से कम किससे बड़ा समझूं
उंगली पकड़ के चलना सीखा ही था कि
कंधों पर चल दिए!

हर कोई अपने सा समझता है मुझे
अब दूसरों को बताने तुम चल दिए!
तुम अपने को समझ लेते तो बहुत अच्छा था
कायनात को समझने अपने घर से चल दिए!

कौम की तरक्की की इबारत अभी लिखी थी
बड़े हौसले से मिटाने तुम उसे चल दिए!
रहनुमां भी कैसे–कैसे निकले दुनिया के
ख़ुद को तो जानते नहीं, दुनिया को समझाने चल दिए!

❖

कुछ करो ना

सुबह–सुबह शहंशाह का आदेश हुआ
अच्छी सेहत वाले, कुछ को फांसी पर चढ़ा दो!
हमको फांसी लगते देखने का, ख़्वाब आया है
सब सर झुका के बोल पड़े थे यूं
जनाब का ख़्वाब पूरा हो आदमी बहुत हैं!

कुछ ने दुनिया खत्म करने की ठान ही ली है
हथियार और ताकत आज़माने का सामान आया है!
फिर बोल पड़े जनाब यूं
कितने और मार दूं आज हिटलर से बड़ा बनना है मुझे
सोकर उठा था, शीशा देखते मन में सवाल आया है

सब ने अस्त्र–शस्त्र उठा लिए अपने
जनाब के मन में उठा सवाल पूरा हो
हम अभी इंसान और इंसानियत का क़त्ल करते हैं!

यूं जनाब इंसान वैसे भी बहुत हैं
पूछते हैं इजाज़त हो तो, ख़ुदा का नामो–निशान भी मिटा दें
दो देश ज़ोर आज़माने चल पड़े हैं
देखें दुनिया में किसके कहने पर भूचाल आया है!

कुछ कोरोना कहते थे जनाब
हमने समझा,
सब कुछ ख़त्म करने का,
मेहरबान का फ़रमान आया है

❖

नहीं तो आजादी मुझे ना मिलती यूं

कोई तो गहरे समुद्र में उतरा होगा
कोई तो आसमां की बुलंदी पर उड़ा होगा
नहीं तो जगमगाते न शहर यूं!

कोई तो नींव में मूक बन खड़ा होगा
नहीं तो महल सर न उठाते यूं!

मैं बोल सकूं इसके लिए
कोई तो ख़ामोश हुआ होगा
कोई तो उदास हुआ होगा
नहीं तो मैं न हंस पाता यूं!

किसी ने मेरे लिए अपने जज़्बात खत्म किए होंगे
नहीं तो अपनी मर्ज़ी से मैं न जी सकता यूं!

कोई तो अपने लहू को बहा चला गया होगा
कोई तो अरमानों को मिटा जीया होगा
नहीं तो सब कुछ अनुकूल न मिलता यूं!

कोई तो फांसी पर चढ़ते ही मुस्कुरा रहा होगा
नहीं तो आज़ादी मुझे न मिलती यूं!
कोई तो गोली से शहीद हुआ होगा
कोई तो मेरे लिए किसी से लड़ा होगा
नहीं तो शांति न मुझे मिलती यूं।

चलो चलें इतना आसान नहीं है सफ़र
कोई तो सलाखों के पीछे खड़ा होगा
कोई रमेश होगा जिसे मैं जानता नहीं था
आज मुस्कुरा रहा होगा आकाश से यूं
आज मुस्कुरा रहा होगा आकाश से यूं।

❖

क्या तमाशा ज़माना बना रहा है

क्या तमाशा ज़माना बना रहा है
रावण तो अंदर उसके ज़िंदा है
बाहर हर साल जलाने जा रहा है!

समुंदर शांत खड़ा है मगर
सुना इंसान ने इंसानियत छोड़ दी है
वह देखने इंसानों की बस्ती में जा रहा है!

बदलते दौर में सब बदलता जा रहा है
बरगद के पेड़ ज़िंदगी देते थे जो
अपने लिए आदमी, उसे जला रहा है!

क्या तमाशा आदमी ख़ुद बना रहा है
सांपों को पिटारे में बंद कर
ख़ुद सबको डसता जा रहा है!

फिर से क्या तमाशा आदमी बना रहा है
धरती के ख़ुदा को भुला कर रमेश
जिस ख़ुदा को न देखा उसे पूजने जा रहा है!

❖

मदहोश बना देना साक़ी!

सबको मदहोश बना देती है तू पिला के साक़ी
आज दो घूंट नशे के मुझे भी पिला दे साक़ी
पर वह नशा नहीं जो रात पी सुबह उतर जाएगा!
अरे पिलाना है तो पिला नशा ऐसा
जो मौत भी आए तो साथ वो जाएगा!

वतन की आबरू का नशा,
जो एक बार चढ़ा तो जिंदगी भर न उतर पाएगा!
उतरा भी कभी, तो खंजर से दुश्मन की छाती में उतर जाएगा!
तब तुम मुझे और पिला देना मदहोश बना देना साक़ी!
सबको मदहोश बना देती है तू पिला के साक़ी
आज दो घूंट नशे के मुझे भी पिला दे साक़ी!

आख़िरी कतरा रक्त का मेरा भी वतन के काम आएगा
आख़िरी कतरा लहू का मेरा भी वतन के काम आएगा
टूटेगी जब यह सांस की डोरी
तो लबों पर वतन का ही नाम आएगा!
तब तेरा पिलाया यह जाम साक़ी
बन के आंसू तेरी ही आंखों से छलक आएगा!
तो भी तू मुस्कुरा देना
आने वाले हर एक मुसाफ़िर को
मेरे ही नाम से पिला देना मदहोश बना देना साक़ी
सबको मदहोश बना देती है तू पिला के साक़ी
आज दो घूंट नशे के मुझे भी पिला दे साकी!

❖

सब सांप हो गए

सांपों की नगरी में कोई सपेरा नहीं मिलता
सांपों की दुनिया में सब सांप हो गए
हमने सोचा था इंसान डसता नहीं
ज़हर इतना चढ़ा, बिना डसे ही इंसानियत मर रही है!

कौन कहता है ज़िंदगी सौ वर्ष है
जब से ज़हर हर शै उगलने लगी है!
अब तो आलम है बच सको तो बच लो
नहीं तो हर घर कब्रिस्तान सा नज़र आता है!

ख़ामोश ज़िंदगी है पथरीली आंखें
अब सांपों की नगरी में कोई सपेरा नहीं मिलता
कहे तो किससे जाकर अपना हाल
सांपों की दुनिया में सब सांप हो गए!

कोई जंगल छोड़ शहर आ गया
आदत ज़हर उगलने की छोड़ी न गई
किस–किस को पिटारे में बंद करें
बिना नेवले के काटे ज़हर उतरता नहीं!
जिंदगी के चिराग़ों को हम जला रहे थे
उतनी शिद्दत से उसे वह बुझा रहे थे
किस आदमी की कहानी तुम सुना रहे हो
क्या इंसानों ने डसना छोड़ दिया?

❖

कुछ जमाना भी समझ ना पाया!

कुछ यादें छोड़ गए वह
कुछ बंधन तोड़ गये वह
कुछ तो हम संजोए बैठे हैं
कुछ कब रुला दें पता भी न चले!

कुछ तो बात थी उनमें
कुछ तो खाली कर गये वो
कुछ तो दर्द ने भर दिया
कुछ तो आंसू बन गए वो!

कुछ तो छुपा था उनमें
कुछ हमें नज़र नहीं आया
कुछ अब देख सके हैं
कुछ उनके रहते दिख न पाया!

कुछ तो हमने याद किया है
कुछ दुनिया ने हमको रुलाया
कुछ तो वो कर गुजरे हैं वह
कुछ ज़माना भी समझ न पाया!

कुछ तो नये थे वह रमेश
कुछ हम पुराने हो चले
कुछ हम दिल में झांक न सके
कुछ उनका दिल भी देख न पाया!

कुछ तो लौट आने का वादा करते
कुछ देर ही को लौट आते
कुछ तो खाली कर के घर मेरा
कुछ दिल भी भर न पाया!

कुछ तो वह अकेले कर गए
कुछ हम अकेले ही रहे
कुछ दुनिया की भीड़ में
कुछ तलाश करते रहे!

अब सफ़र ज़िंदगी का
इस तरह से चलता है
मानो पतंगा उनकी चाहत में
ख़ुद आग में जलता है!

❖

ऊंचा उड़ने की तमण्णा बाकी है!

कुछ तो बात है रमेश तुझ में
जो ज़िंदा होने का एहसास देती है!
नहीं तो जिसको अपना समझ अपनाया
वह चलती फिरती ज़िंदा लाश निकली!

तू रोशनी के इंतज़ार में अंधेरों की स्याही देखता रहा
हौसला बना के चलता तो बात और थी
मैं जब भी घर से बाहर निकला
सूरज को रोशनी के साथ रुके देखा

कुछ ने ज़मीन पर कूदना सीखा ही था
उनको उड़ने का गुमां होने लगा!
हम आसमानों की ऊंचाइयों से लौट आए
और ऊंचा उड़ने की तमन्ना बाकी है!

कोई तो खिड़की हवा के लिए खुली थी
जो सांसों को मेरे अंदर तक लाती रही!
मेरे हिस्से का पानी भी तूने छीन ही लिया
वह बादल की गरज थी जो तुम्हें डराती रही!

कुछ राज़ दिल में छुपे, अंत में जल जाते हैं
कुछ किताबों में कभी–कभी देख पाते हैं!
यह तो मौत के बाद के हिसाब का डर था
जो ज़िंदगी में तुम्हें मजबूर करता रहा!

❖

मौत का डर

कैसा दाता हूं मैं, कैसा दानी है तू
जन्म तो ले लिया मगर फानी है तू
डर मौत का हर सांस में सताता है
ज़िंदगी का फ़रिश्ता भी कंधों पर नज़र आता है

ग़रीब बेबस बेचारा देखकर मैं रुक गया
उसने मेरे लिए दुआ मांगी मैं झुक गया!
उसके फटे कपड़े नंगे पांव ने रोका था
उसकी आवाज़ के दर्द ने टोका था

कुछ पैसे दे मैंने अपने लिए दुआ चाही
और महल बनने की दुआ मांगी थी उसने!
वह ख़ुद तो रहम के काबिल दिख रहा था
मेरे लिए ख़ुदा से रहम मांगी थी उसने!

मैंने अपना अहंकार इतना बढ़ा लिया
किसी का कुछ कर न सका ख़ुद को गिरा लिया
दुआ ग़रीब के लिए मैं मांगता तो बात बनती
सब कुछ देने को कहता तो बात बनती

जिसका घर नहीं पहचान नहीं
अपनी ज़मीन नहीं आसमान नहीं
यह कैसा आदमी बना दिया है मुझे ख़ुदा
जिसके लिए मैं मांगू उसे रास्ते पर बिठा दिया है ख़ुदा

मैं अपने लिए तुझसे मांगता रहा
और याद है सब मुझे देता भी रहा
आज भिखारी जो मिल गया मुझे
उससे भी अपने लिए दुआ मांगने का हक़ लेता रहा

कैसा दाता हूं मैं, कैसा दानी है तू
जन्म ले लिया मगर फानी है तू
यह डर हर सांस सताता है मुझे
मौत का फ़रिश्ता कंधों पर नज़र आता है मुझे

❖

ज़ख़्म ज़िंदगी के

दास्तान लिखने चले थे वो
हमारे लहू और अरमानों से

होश उड़ गए जब हमने सुना
लहू हमारा बहा, दास्तान ख़ुद की लिख गये

हवाओं का असर कुछ ऐसा हुआ
सांस उन्होंने ली दम मेरा घोंट कर

वह चिराग़ बुझाने के लिए जलाते रहे
हम ख़ुद जलकर रोशनी उन्हें पहुंचाते रहे!

पैर ज़ख्मी थे फिर भी क़दमों के निशान बनाते रहे
वो रास्ते हमारे चले, निशाँ भी मिटाते रहे!

आसमान से उतरी परियों की कहानी
वह सुनाते भी गए और रुलाते भी गए!

आज शायद कोई हमारी बात सुने
हम रोते भी रहे, बहरो के सुनाते भी गए!

बुझा दिए सूरज चांद और तारे
हम जुगनू थे जगमगाते ही गए!

तुम ज़ख़्म देते रहे हम ज़ख्म सहते भी रहे
रमेश सिलसिला प्यार का यूं ही चलता रहा!

❖

बदल रही है दुनिया

बदल रही है दुनिया
बदल रहा है जहां!
बदल रही है ज़मीन
बदल रहा आसमां!

बदलती नहीं इंतज़ार में आंखें
बदलता क्यों नहीं मुक़द्दर तेरा!
बदलता नहीं मजबूर आदमी
बदलेगा का कब बदलने वाला!

बदला नहीं धरती का चलना
बदला नहीं सूरज का निकलना!
बदल के रूप धरती पर आए हैं
बहरूपिया खुद को समझ न पाए हैं!

बदल रहा है सब
आदमी भी, शैतान भी!
बदल रहा है मौसम
ईमान की तरह!

बदल कर आदमी जमीं खा गया
ज़िंदा रहें हैं, हवा से आदमी
सारी की सारी हवा खा गया
पानी को तरस रहा, सब पी गया!

अब सोचने चला है
कब तक ज़िंदा रहेगा!
बदला नहीं अहंकार तेरा
बदली नहीं जलाने की आदत!

चल पड़ा लकड़ी को जलाने
उसी से ख़ुद जल गया!

बदल रही है दुनिया
बदल रहा है जहां!
बदल रही है ज़मीन
बदल रहा आसमां!

❖

हिमालय पर खड़ा हूं

जिंदगी कहां से शुरू
और कहां ख़त्म हुई!
गुमराह हुए थे कुछ लोग
कफ़न पहनने को उन्होंने
मौत का नाम दे दिया!

जब भी नक़ाब उठा के देखा
मासूम बचपन नज़र आया!
तेरे शहर से वह दिन अच्छे
जिन्हें नंगे पांव गांव की धूप में
चलता हुआ छोड़ आया!

कौन कमबख्त उदासी चाहता,
पता तो देर से लगा!
खुशी तेरी गली छोड़ आया
शोहरत का वजन उठा न सका
गुमनामी से रिश्ता क्यों तोड़ आया!

हिमालय पर खड़ा हूं
सुकून अब कहां है!
जिन गलियों से नाता था
वह कागज़ की कश्ती को
क्यों मैं बहते पानी में छोड़ आया!

❖

युद्ध में भी गीता समझाएं

रावण के दरबार में
राक्षसों के अत्याचार में
कोई तो अंगद बन
पांव जमा के खड़ा होगा!

सब ओर अंधेरा छाया है
तूफ़ान ने घर बसाया है
कौन सुबह की राह देखे
जुगनू ने दीप जलाया है!

जो हंसते फांसी पर झूले हैं
कब भारत मां को भूले हैं।
जब तूफ़ान गहराया था
लहू से दीप जलाया था।

जब युद्ध में मृत्यु रोक न सके
दूसरों की प्राणों की रक्षा करने
ऐसा तांडव मचाया था
कोई अभिमन्यु बन आया था।

आज भी महाभारत चल रहा
शकुनी अभी भी ज़िंदा है।
युद्धविराम न होने देगा
आओ मिल कर इसे मिटाएं।

युद्ध में भी गीता समझाएं।
मानवता को आज बचाएं
एक फिर नई जोत जगाएं
विश्व गुरु फिर कहलाएं।

मंज़िल जिनके पास से गुज़री।
हाथ पकड़ उस तक पहुंचाएं
प्रेम की फिर एक जोत जलाएं
प्रेम के मिल अमर गीत गायें।

❖

शांति के लिए महाभारत रचना

कितने पल कितनी देर और तू जी लेगा
सदियों से बिखरा ज़हर तू कितना पी लेगा।

आदमी तो इंसान अभी न बन पाया है
देवता भी कई बार धरती पर आया है!

घर–घर में अंधेरा था तो भी जीते थे लोग
अब अंधेरा दिलों में हैं इंसान कितना जी लेगा!

अब दीया नहीं कुछ करेगा, सूरज उगना चाहिए
दिलों पर अंधेरा राज करने लगा है, इंसान बदलना चाहिए!

अब शिव का तांडव ही काम कर सकता है।
धरती का सीना चीर, अंकुर नया खिलना चाहिए।

लहरों ने समुद्र में ऊंचा उठकर कई बार संदेश दिया है।
अब समुद्र को ज़मीन की ओर चलना चाहिए।

अब आदमी कब तक इंसान बनेगा
तेज़ हवाओं को तूफ़ानों में बदलना चाहिए!

धरती भी थक गई है तुम्हारा बोझ उठा कर
तू रहे न रहे धरती को करवट बदलना चाहिए!

शांति के लिए कृष्ण भी न रोक सके युद्ध को।
रमेश अब शांति के लिए महाभारत रचना चाहिए।

❖

एक पल में युग बदल गया

एक पल में युग बदल गया
अभी तो आकाश में गरज रहा था
हवा का झोंका क्या चला
सब बिखर गया।
एक पल में युग बदल गया

सपने में नहीं हक़ीक़त में रंग लाल था
यह सब किसी के लहू का कमाल था
शरीर तो बर्फ बन पिघल गया
ढूंढो, आत्मा को छलने वाला किधर गया!
एक पल में युग बदल गया!

रूई बनके हवा से उतरते देखा था
गिर कर पत्थर की माफ़िक़ होगी यह मलाल था
तेरा सफ़ेद होना भी ज़मीन के मालिक को रास न आया
तुझे इंसानों के लहू से रंगने वाला गया तो कहां गया
एक पल में युग बदल गया।

पाक तो नापाक हरकत करता गया
धरती का स्वर्ग नरक में बदलता गया
कब तक ख़ामोश हो देखता ऊपर वाला
पल में इतिहास सब कुछ बदलता गया
एक पल में युग बदल गया।

अभी तो आकाश में गरज रहा था
हवा का झोंका क्या चला सब बिखर गया।

कुछ ज़ख़्म हमें भी लगे थे मगर
शायद आख़िरी ज़ख़्म बन जाए
फिर से इंसानियत दौड़ती नज़र आए
पता करो इंसान को रुलाने वाला गया तो कहां गया
एक पल में युग बदल गया।

आसमां भी गुस्से से गरजते देखा है
ज़मी नहीं, इंसानों पे बरसते देखा है
कभी तो कोई तो, अब सब रोक पाए
इंसानियत दौड़ती नजर आए
स्वर्ग का मालिक कहां गया
एक पल में युग बदल गया।

❖

नोट : *धारा 370 खत्म होने पर लिखी कविता।*

मेरा मुक़ाबला मुझी से है

तू तो न रहेगा जहां में।
ज़मी भी रहेगी आसमां रहेगा।

तुम को याद करे ज़माना
कोई बना दे ऐसा फ़साना।
शिद्दत से इंसानियत ही दिखा।
अपने को भगवान तो बना।

मेरा मुकाब़ला मुझी से है।
आज ख़ुद को जीत के तो दिखा।

दूसरों को पढ़ कर क्या पाएगा
अपना आईना भी टूट जाएगा
आईना बन, ख़ुद को दिखा
कायनात क्या है फिर समझा!

कौन कहां चला जाएगा
कौन फिर जहां में लौट आएगा
अपनी पहचान ख़ुद से न छुपा
आसमान में ऊंची छलांग तो लगा!

मुक़द्दर तेरा हाथों में है
लकीरों को बदल कर तो दिखा
सब तेरे हौसले को समझे
समुंदर जरा लांघ के तो बता!

मौत का इंतज़ार न कर
ज़िंदगी जी के तो दिखा
कुछ बात है रमेश निराली तुझ में
हंसी में भी ज़िंदगी को न रुला!

चल कुछ कर ले रमेश जिंदगी में
श्मशान में भी जिंदगी ला के दिखा

❖

यह ज़िंदगी है ज़िंदगी है ज़िंदगी!

निराश न हो परेशान न हो
मुश्किलें देख हैरान न हो
यह ज़िंदगी है, ज़िंदगी है, ज़िंदगी!

जीना भी हो मुसीबतें अपार हों
जीत भी हो चुनौती हज़ार हों
यह ज़िंदगी है, ज़िंदगी है, ज़िंदगी!

गिरना भी हो संभलना भी हो
मुश्किल रास्ते, मंज़िल भी दूर हो
यह ज़िंदगी है, ज़िंदगी है, ज़िंदगी!

शहर मेरा हो गांव भी मेरा हो
सबका घर हो तब सवेरा हो
यह ज़िंदगी है, ज़िंदगी है, ज़िंदगी!

आंधी हज़ार हो तूफ़ान बेकरार हो
हिम्मत प्रबल हो जीवन सफल हो
यह ज़िंदगी है, ज़िंदगी है, ज़िंदगी!

यह युद्ध है, यह युद्ध है
यह युद्ध है, यह युद्ध है
सब चल रहा अविरुद्ध है
डर के चले नहीं, वह इंसान है
जीत क़दमों में है
अन्त में विराम है!

यह ज़िन्दगी है, ज़िंदगी है, ज़िन्दगी!
यह संघर्ष है, यह संघर्ष है,
यह संघर्ष है, यह संघर्ष है,
चलना ही तेरी शान है
बढ़ना ही तेरी आन है
रुकना तो मौत है तेरी
चलना ही प्राण है!

यह जीवन है तू इसकी शान है
निराश न हो परेशान न हो
मुश्किलें देख हैरान न हो
यह ज़िंदगी है, ज़िंदगी है, ज़िंदगी!

❖❖❖

गूंज व अन्य पुस्तकों के रिलीज़ के चित्र

www.ingramcontent.com/pod-product-compliance
Lightning Source LLC
LaVergne TN
LVHW050036181026
850499LV00051B/2340
* 9 7 8 9 3 9 0 9 6 0 1 4 9 *